しなやかな生き方で
豊かな人生を目指す

「60点女子」最強論

広野郁子
株式会社アイ・キューブ
代表取締役

合同フォレスト

まえがき

「60点女子」という言葉、気になりましたか？　「60点女子？　まさに私のことだ！」と思わずこの本を手に取ってしまった方もいるのではないでしょうか。なかには「私は何点女子だろう？　60点女子ってどんな女子？」と興味を持たれた方もいるかもしれません。

「満点女子」はわかりやすいですよね。あなたの周りにも一人ぐらい思い浮かぶ女性がいませんか？　仕事ができてカッコよく、話上手で社交的、プライベートも充実。なかには結婚しているのに仕事と家庭の両立もサラリとやってのけているような人。

一方、「60点女子」は地味な事務や雑用をこなす一般ＯＬや派遣社員が多く、仕事でもプライベートでも１００点満点中60点ぐらいの女子のことです。**個性がない自分に自信がなくて、将来に漠然とした不安を持っている**「60点女子」が、最近増えている気がします。

私は、現在、「アイ・キューブ」というマーケティングの会社を経営しています。会社を設立したのは38歳のとき。娘が小学生でした。そして、私は当時の夫と別居（のちに離婚）していて、シングルマザーでした。従業員12名という小さな会社ですが、クライアントは三菱電機、オムロンヘルスケア、ハウス食品、阪急阪神不動産など大企業ばかりで、2001年に設立して以来17年間、赤字になったのは1期だけで、あとの16期は黒字です。

女性モニターの活用による商品開発が注目され、いくつかの新聞でうちの会社や私のことが紹介されました。ここ数年は年に数回、講演依頼があり、数々の企業でセミナーや研修を開催しています。

今でこそ、成功した女性起業家のように思われていますが、実は私も「60点女子」でした。私が若かった頃は、「60点女子」という言葉は思い浮かばず、自分のことを「カメ」のようだと思っていました。本書のなかでも、自分のことを語るとき、たびたび「カメ」と称し、「60点女子」と同義に使っています。昭和生まれにとっては、「カメ」は「私はドジでノロマなカメ」というフレーズ（一世を風靡したドラマでの名セリフ）でおなじみですが、平成生まれには「ウサギとカメ」の昔話を思い浮かべていただければ想像できると思います。つまりは、〝どん臭い〟のです。

謙遜ではありません。その証拠に、昔の仕事仲間から、「あの郁ちゃんが社長をしているなんて信じられない！」「同期を集めてうるさい順に並べたら、おそらく一番後ろになったあのおとなしい郁ちゃんが……」「絶対に一番にお嫁に行って、奥様として過ごすだろうと思っていた」などと言われます。とにかく、私が会社を起業して社長になった、というだけで、昔の私を知る人たちから驚かれます。信じられないのは私も同じです。自分にまったく自信がなかった、地味で目立たない私が、将来、起業して社長になるなんて想像もしていませんでした。

でも、そんな私が年商1億円を超える企業を経営する社長になったという現実がありま す。「なぜだろう」と不思議に思い、自分がこれまで歩んできた道を振り返り、マーケティングの仕事で関わった多くの女性モニターを見てきて、一つの真実を見いだしました。

それは「**長い人生を幸せに生き抜いていくことにおいて、60点女子が最強だ**」ということです。「満点女子ではなく、どうして60点女子が最強なのか」。それを本書で解説していきます。

60点女子は、結局、60点の人生しか待っていないのかというと、決してそうではないことが、私の年齢になるとわかってきます。私というサンプルだけでなく、これまで一緒に仕事をしてきた多くの「60点女子」を20年、30年のスパンで見てきたからこそ、〝希望的観測〟ではなく、〝答え合わせ〟ができるのです。

自分のことを「不器用で、人より劣っている」と思っている「60点女子」が、会社ではなぜかいつも周りの人を助け、助けられ、いつの間にかかけがえのない存在になっているということにも気がつきました。そして、それには訳があったのです！

「60点女子」には、会社のなかで周りの人と調和して生きていくための感性・資質がありました。私はそれを「**ビジネス母性**」と名付けました。人の話を「傾聴」できたり、地味な仕事も黙々とこなせたり、癒しや安心感を与えたり……。

あなたがもし「60点女子」であったら、ぜひ、この「**ビジネス母性」を自覚して、磨いてください**。会社の仕事は60点でいいのです。足りない40点を補って余りある「ビジネス母性」があれば、あなたはその会社でかけがえのない存在になれるのです。そして、それに続く人生は、きっと100点満点に近い人生になるはずです。

そうはいっても、未来が不安なのは当たり前。でも、その不安も、思うようにいかない障害も、「生きる力」になって、あなたがこの先の長い人生を幸せに生き抜いていく糧になります。不安のない人は、その人の障害がなかった道しか見てこなかったので、他の人の悩みに共感しにくいのです。苦労して、共感できるものをたくさん持っている人は、それだけで〝財産〟。その「**共感力**」でわかり合える人、助けてくれる人も現れます。

不安な気持ちは否定しなくてもいいのです。**自分がコンプレックスを抱いている短所ですら、否定しなくて大丈夫！** 若い頃、「バカ正直で、要領が悪く、どん臭い」とコンプレックスを持っていた私が、中身は何も変わってないのに、今ではなんと「表裏がなくて、優しくて、偉そうでない」と言われるようになりました。人生って、予想できなかった未来が待っていて面白いですよ。

「ダメダメ社員」だった22歳の私の目の前に、今55歳になった私が登場できるのなら、こう言ってあげたい。

「今のあなたは、自分の特徴はどれも短所のように思っているけど、それを30年間続けてやっていけば、その短所はいつの間にか長所として周りから褒められるようになるよ。だから、**無理に自分を変えようとしなくていいから！**」と。

あなたはあなたのまま、自分なりのスタイルで歩み続けてください。歩み続ければ、あなたの後ろに道ができていきます。今、自分が不器用で、人より劣っていると思っている「60点女子」にも、そのコンプレックスの裏側に隠れていた長所が表に出てくる〝きっかけ〟が、ある日、突然訪れます。そして、選択の岐路に立ったときに、ちょっとだけ勇気を持って一歩踏み出してください。それだけでいいのです。あなたが誰かの真似をしたり、無理をして変わる必要はまったくありません。

「私は私」。そう心に念じながら、あなたらしくコツコツと歩き続けてください。

「60点女子」最強論◉目次

第1章　自信がない「60点女子」が急増中

第2章　「60点女子」の生き方の秘訣は「柳に風」

第4章 「専業主婦」は「60点女子」だから経験できる

第5章　「既婚60点女子」たち、それぞれの道

第6章　「60点女子」が40代以降に開花するのには訳がある

序章

私も〝立派な〟「60点女子」でした！

「春の海」「カメ」と言われていた〝どん臭い子〟

１９６３年、東京オリンピックが開催される前の年に、私は兵庫県神戸市で生まれました。

父親は三菱重工の設計士、母親は看護師から養護教諭を経て幼稚園園長になり、両親とも真面目な苦労人です。そんな両親に育てられ、私も面白味に欠けるぐらい真面目でした。小さい頃から「笑わない子」と言われていました。本当に要領が悪く、〝どん臭い子〟で、母親からは、「郁子は、春の海だね」と言われていました。

「春の海って、どういう意味?」

「知らない? 〝春の海、ひねもすのたりのたりかな〟の蕪村の俳句。郁子はのらりくらりしてるから〝春の海〟」

母親は、「春の海」というユーモアある称号をくれましたが、子どもの世界ではユーモアも容赦もなく、もっと直接的に「カメ」と呼ばれていました。体格も大きいほうだったので、「でくのぼう」タイプの子どもでした。周りには、パッパッと要領よく立ち回ることができたり、人に甘えるのが上手な子もいてうらやましくて仕方がありませんでした。

でも、私はどうしても**素直に人に頼ることができませんでした。**それどころか、面倒見は良かったので、幼い頃から「お姉ちゃん」と呼ばれていました。つい他人の世話をしてしまうのは今も変わらず、性分というのはこんな小さい頃から決まっているようです。

弟は身体が弱くかわいかったので（女の子に間違えられるほど）、周りからいつもチヤホヤされていたし、従姉妹はファッション雑誌『ＪＪ』に載るほどの器量よし。男の子に間違われるような私はチヤホヤされることもなく、「私はブスだ」と外見にも強いコンプレックスを持っていました。

小学生のときに、先生が「べっぴんだね」と言ってくれたのですが、「べっぴん」という言葉を知らなかった私は、それを「ブス」の意味だと受け取ったぐらいです。「なにも、面と向かって言わなくてもいいのに」と思った記憶があります。

「どん臭い」「気が利かない」「愛想が悪い」と言われ続け、その上、外見にも自信がないのですから、自分に問いかけてみました。「何で頑張る？」

答えは明らかです。「勉強するしかない！」。勉強を一生懸命頑張れば、今度は「優等生」というレッテルを貼られて、枠から抜け出せない自分がいました。おかげで、高校は神戸市の公立トップ校・兵庫県立長田高等学校に進学できました。大学は関西大学文学部に片道2時間かけて通いました。

そこまでは順調だったのですが、就活で壁にぶつかりました。〝面接〟という壁です。自己PRや愛嬌がモノをいう面接は、これまでの勉強の努力だけではどうにもなりませんでした。中小企業も含めて約30社の入社試験を受けましたが、ことごとく撃沈。周りの友達がどんどん内定をもらってくるのに、私だけが決まらないのです。筆記試験では、いつも「できた！」という感触があったのに……。あまりにも落ち続けるので、大学の就職課の方が不思議に思って、わざわざ先方に電話をかけてくれました。

「どうして落ちたのでしょうか？」

「ちょっと、おとなしすぎるんですよね」

そう、**私はそれほどに引っ込み思案だった**のです。面接官には覇気がないように映ったのかもしれません。当時の友達が、社長になった私に「信じられない」というのは、ごもっとも。私には〝積極性〟のカケラもなく、人の上に立つようなオーラは皆無だったと思います。

平均以上の学力を身につけていても、自分のアピールポイントもわかっていない自信のない「60点女子」の私。就活での苦戦は、たとえどこかの会社に入社できても、苦労するだろうという悪い予感を暗示しているようでした。

〝ウサギ〟集団に入社してしまった〝カメ〟

そんな私を唯一採用してくれたのがリクルート（現：リクルートホールディングス）という会社でした。リクルートは当時、飛ぶ鳥を落とす勢いで急成長している会社だったので、私はダメ元で受けたのですが、どういうわけか合格したのです。幸運としか言いようがありません。

「あのう……私、なぜ合格したのでしょうか？」

「あなたは生命力がありそうだから」

〝**生命力**〟。そのときは、私を採用してくれた人事担当者の言った〝生命力〟の意味もわかりませんでした。「パッとしないけど、粘りはありそうに見えたからかな」と思いました。その意味がなんとなくわかったのは、それから20年、30年経ってからです。

その面接で話したのは、大学の卒業論文のことでした。私のテーマは「シュタイナー教育」でしたが、理論だけではどうしても納得できなくて、ドイツまで視察に行きました。当時から、私のやり方は〝愚直〟でした。卒論を、今でいう〝コピペ〟で作り上げてしまうことができませんでした。そんな〝愚直〟を面接官が買ってくださったのか、真相はわかりません。当時、「リクルートは、時々、異質な学生も採用するらしい」という噂もあり、個性の強い社交的な営業マンタイプではない、私のような「おとなしすぎる」異質な学生をあえて採用したのかもしれません。

「ウサギの集団のなかにカメを入れたら、どんな化学反応が起こるか？」

実験的な採用だったかもしれないと思ったこともあります。もし、あのときの面接官が〝将来社長になる私〟の潜在能力を見抜いていたのだとしたら、それはスゴイ先見の明です。

さて、ここでリクルートという会社について触れておきます。私が、必要以上に自分のことをダメダメ人間だと思ってしまったのは、この会社が他の会社と違う風土を持っていたことにも関係しているからです。ほとんどの女子社員がみんな〝控えめな事務系ＯＬ〟の会社に入社していたら、私が自分のことをそこまで「ダメダメ社員」だと思うこともなかったかもしれません。もっとも、リクルートに入社しなかったら、私が社長になることもなかったと思います。起業してから多くのリクルートＯＢに助けてもらったのも事実です。

若い人は、駅で見かける『タウンワーク』や『じゃらん』『リクナビ』『ホットペッパー』などの情報サイトでリクルートのことをご存知だと思います。教科書で戦後最大の贈収賄事件として「リクルート事件」を習ったかもしれません。私はその「リクルート事件」（1988年）の2年前の1986年に入社しました。その頃は『住宅情報』という『SUUMO』の前身である分厚い住宅情報誌や『就職情報』、女性のための転職情報誌『とらばーゆ』が、リクルートの代名詞のように書店に並んでいました。世間の認識では、リクルートという会社は「営業集団」で、「カメ」の私から見ると、「休まないウサギたちがピョンピョン跳ねているような会社」でした。みんな元気で、リーダーシップを取るタイプの人が多く、女子も自己主張できる人ばかりでした。ですから、運よくリクルートに入社できたものの、周りのウサギたちについていけるわけがありません。客観的に見ても、私は営業向きではなかったのでしょう。新入社員の9割が営業になるのに、私は地味な制作部門に回されました。でも、正直、ホッと胸を撫でおろしました。

リクルートという会社は、定年まで在職する人は滅多にいません。みなさん、さらなるステップアップを目指して、転職したり起業したり、外に羽ばたいていきます。その「起業家精神」が「リクルートのDNA」と称されることもあります。リクルート出身の社長は少なくありません。そんな風潮があるので、私が社長になってから、元リクルートの社員だと知ると、「ああ、やっぱり！　起業して社長になる人、多いですもんね」と、社長になったのが当たり前のように言われることが多いです。でも、声を大にして言いたいのは、結果としては社長になったけど、**「私は、ウサギたちが社長になったのとは違う」**ということです。この本にしても、「優秀なエリート女性が起業した成功本」ではありません。私は自他ともに認めるダメダメ社員で、リクルートという会社に入社したものの、一番「リクルートらしくない」社員で、〝コンプレックスの塊〟でした。だって、ウサギ集団に、カメが一匹入り込んでしまったのですから……。

「すべてにおいて60点だから！」とダメ出し連発

どれだけダメダメ社員だったかというと、広告を受注してきた入社2年目の営業の先輩に、「郁ちゃんに原稿は頼みたくない」と面と向かってハッキリ言われてしまうほど。そのときばかりは、人前で泣かない私もトイレに駆け込んで泣きました。

営業に同行して取材したとき、空気を読まない質問をして、あとから先輩営業マンに大いにあきれられることもありました。こんなことが毎日続き、私がいるところでわざと、「あの子、どうする？」という会話が繰り広げられることもありました。ひどい話です。

他の先輩から、こんなことを言われたこともあります。

「あなたはね、すべてにおいて60点だからダメなのよ。まったく平凡な普通の人ってことだよね。そんな人はうちの会社にはいらないのよ。30点のところがあってもいいから、なにか一つでも二つでも90点を取れるような自分の強みを作りなさい」

今思えば、このとき私はすでに「60点女子」の烙印を押されていたわけです。そのときは、「60点女子」という言葉を自分でも思いついていなかったので、「カメ社員」「ダメダメ社員」と自称していましたが……。

でも、何の取り柄も個性もない人間に、「90点を取れるような強み」なんて作れるわけがありません。というか、自分のどの部分を伸ばして90点にしたらいいのかもわからないのです。自分でわかるぐらいなら、とっくに「60点女子」を卒業しています。私はますます悩みました。同期の子は、次々と初受注して祝福の嵐を受けています。みんながどんどん前を走っていくのを、私はただただ指をくわえて見ているだけでした。

そこで、「まずは、なりたい人の真似をしよう！」と思い立ちました。よく、「カタチから入るといい」と聞きますから。私の〝なりたい人〟は、私を叱咤激励してくれていた仕事ができる2年目の先輩女性・Mさんでした。「どうしてこの人は誰からも頼られるの？」と憧れていました。日頃の様子を観察していると、仕事の合間にMさんがフゥ〜ッと煙草の煙をくゆらせているのがカッコイイ！　「そうだ、まずは煙草から真似てみよう！」と、私はMさんと同じメントール系の煙草を吸ってみました。

今思い返せば、かなりイタイ話です。そんな**表面的なことだけを真似しても、仕事がで**

きるようにはなりませんでした。当たり前ですよね。でも、そんなことをしてまで、自分を変えたかったということです。

初対面の人と話をするのも苦手でした。営業同行に出ても、ろくな話ができませんでした。とにかくダメダメ社員だったので、ついに、1年目に配属された部署から「使えない」と排出されることになりました。異動先は、東京では5年前からスタートしていた「住宅情報オンラインネットワーク」という不動産関係の部署。関西でもスタートすることになり、そこへ異動することになりました。自分の活躍の場が見つからなかった部署から、新規開拓の部署への異動。心機一転、ヤル気を出せばいいのですが、「60点女子」はそこでも〝前向きではない希望〟を上司に伝えました。

「私は人と話すのが苦手なので、営業は絶対にイヤです」

「わかった。じゃあ、営業ではない職種にするようにしよう」

私は胸を撫でおろしました。

私が異動になったとき、同じ職場だった1つ下のアルバイトの女性が、私に手紙をくれました。

「OさんやMさん（例の私が憧れた先輩たち）は、確かに仕事はデキる人だけど、私は郁ちゃんが好きです。郁ちゃんのソフトな感じは、彼女たちにはない優しさだと思います。

私は郁ちゃんがいてくれてよかったです」

私は、この手紙を読んで号泣してしまいました。今まで自分を肯定できることが何一つなかった私のことを「好きだ」と言ってくれたことに、ただただ感激していました。実は、「郁ちゃんがいてくれてよかった」の部分に、「60点女子」の長所が反映されているのですが、もちろん、そのときはそんな分析もできません。今になってようやく、それがまさに、「60点女子」の「ビジネス母性」だったのだと思い返せるのです。

きっかけの〝Xデー〟は、ある日突然訪れる！

「そんなもん、全員営業に決まっとるやろ！」

新しい部署に異動してみると、新しい上司がそう言い放ちました。目の前が真っ暗になりました。

（営業、イヤだって言ったのに……）

会社を辞めようかとも思いましたが、ここで辞めたらしっぽを巻いて逃げたことになってしまいます。私にも、少しは意地があったのでしょう。踏みとどまって新しい部署で頑張ってみることにしました。

「オンラインネットワーク」という新しいサービスを、不動産会社に営業して導入の契約を取るのが私の仕事になりました。不動産業者が電話やＦＡＸで確認し合っていた不動産物件の間取りや詳細を、オンライン上で見ることができる画期的なサービスでした。

私に課されたのは、渡された不動産会社のリストをもとに片っ端から電話をして、アポを取って、出向くこと。アポが取れなくても、とにかく外に出て、不動産会社を見つけたら、アポなしで飛び込み営業をするように言われていました。普通に電話をかけるのも苦手な私が、飛び込み営業なんてできるわけありません。とにかく苦痛でした。それでも、仕事をしているポーズだけでも取らなくてはいけないので、私は鞄だけを持って、当てもなくウロウロ、ウロウロ、街をさまようのでした。

ある日、自分の担当エリアである兵庫県の「芦屋」（奇しくも、今、私の会社があるところ）に電車で移動したときのことです。同期の女性たちもやっているのだから、私も思い切って飛び込み営業をしてみようかな、と不動産会社の扉の前に立ってみました。でも、足がすくみ、声も出せません。（やっぱり、できない。どうしよう、どうしよう……）と行ったり来たりしてみたものの、結局、扉を開ける勇気が出ませんでした。

途方に暮れて、駅のベンチに腰掛けました。情けない営業マンを絵に描いたような光景です。うつろな目で、ベンチの後ろを見てみると、「あなたの街の不動産会社一覧」という看板が目に入りました。

「ああ、一覧かぁ……」

そこには、芦屋市内の不動産会社が電話番号付きで掲げられていました。そのときの私は、何もすることがなかったし、何もしないまま会社に戻るわけにもいかないので、その会社名と電話番号をひたすらノートに書き写しました。

そうこうしているうちに夕方になりました。

（あ〜あ、また1件もアポが取れなくて叱られる……）

恐る恐る会社に戻ると、「待ってました！」とばかりに、課長が「今日一日の成果はどうだった？」と聞いてきます。私は、1軒も訪問できていないし、1件もアポイントが取れていません。当然叱られると思いながらも、先ほど書き写してきた芦屋の不動産会社一覧を見せました。すると、一覧を見た上司は、すかさず「おい、みんな集まって！」と課内のメンバーを集めたのです。

（ああ、また怒られる……。見せしめで叱られるんだ）

そう身構えたとき、私にとっては信じられない出来事が起きました。

「みんな、見てごらん。これは、広野さんが今日芦屋に行って、看板を見つけて書き写してきたものだ。与えられたリストではなく、自分で見つけて、自分で新しいリストを作った！　素晴らしい！　こんなふうに自分で考えてアクションを起こすことが大切なんだよ」

「え……？」

なんと、**叱られると思ったら、私は褒められてしまったのです。**しかも、他のメンバーに「お手本」として紹介してもらえたのです。これが、私が社会人になって初めて褒められた忘れられない出来事です。

人生には、その人が変わるきっかけになることが起こる〝Xデー〟がありますが、私にとっては、上司に初めて褒められたこの日が〝Xデー〟でした。「こんな自分はイヤだ！変わりたい」と思い続けてはいましたが、**転機となる日は、ある日突然やってくるのです。**

それまでは、自分が考えつくようなことは、どうせ〝世間的、会社的にはダメなこと〟だと思い込んでいて、〝自分〟というものを出さずにいました。だから、いつも仕事ができる人の〝真似〟をしていました。でも、その〝真似〟は、オリジナルの人と比べれば、当然及ばないわけですから、ますます、自分のことを「ダメダメ社員」だと思い込んでいました。

でも、「ただ電話番号を書き写す」という、特に頭も使わないことをしてみたら、思いがけず褒められたのです。「ただ書き写す」という作業は、〝あまりにも面倒くさくて誰もしなかったこと〟だったのです。思いがけず褒められたことで、私は大切なことに気づきました。

「そうか！　**自分がいいと思うこと、自分ができることからまずはやってみればいいんだ**」

こんな当たり前のようなことにようやく気づいた私は、このときから徐々に変わっていったのです。

〝営業〟が苦手なら、その会社のために〝相談に乗る〟

「カメが人真似ではなく〝自分にできること〟をしたら、入社以来、初めて上司から褒められた」という体験をした私は、新しくできた部署ゆえに山積みだった仕事に、少しずつ積極的に取り組むようになりました。備品の発注、営業ツールづくり、新しいシステムの講習会をする会場の手配やマニュアルの準備など、何もかも手探りでやっていかなければなりません。先輩もいませんでしたから、スタート地点で学んだ「いいと思うことをやる」を実行していきました。

例えば、お客様の講習会では、当時まだまだ一般の人は触ることがなかったパソコンのキーボード操作を教えていたので、「キーボードの拡大パネルがあれば説明しやすいのでは?」と思い立ち、それを作成できそうな会社に相談して、作成しました。当時の課長は、余程のことでない限り、たいていのことは好きなようにやらせてくれました。今、思い出してみると、逆にすでに先行していた東京でのやり方をそのまま真似て実行することに対してはは厳しく批判されました。常に「自分がいいと思うこと」を考えさせられていたように思います。〝前例があるから、何も考えずそれに従う〟のではなく、常に〝自分がいいと思うこと〟を考える姿勢を身につけさせてもらえました。

苦手だったテレアポにも、恐る恐るですがチャレンジするようになりました。でも、やはり初めての人と話すのは苦手で、断られるのが怖くて、おどおどしていました。緊張するから余計にうまく話せず、さっぱりアポイントも取れませんでした。テレアポの仕事は嫌々やっていたので、電話している件数も他の人より少なかったと思います。成果が出せず、またまた暗い気持ちになっていました。

そんなある日、夜も9時を回っていたのですが、ある不動産会社の社長に電話をしました。すると、逆にこんな質問をされました。

「君、遅くまで仕事しているんだね。どうしてそんなに遅くまで頑張れるの?」

「うちの会社は、女性でも男性と同じように働いていて、夜も遅くまで会社にいるんです。夜遅くではないと、ゆっくりお話ができない社長さんもいますから。でも、やらされているという感じではなくて、みんな自分の目標のために頑張っています」

「ふ～ん。なるほどね」

このときは、営業トークではなく、自分自身についての質問だったので、自分の言葉で素直に話すことができました。すると、社長はそんな私に興味を持ってくださり、アポイントが取れました。

訪問してみると、この社長にはある構想がありました。単に不動産を売買、仲介するだけでなく、暮らしの場として体験してもらうようなショールームを作りたいというのです。

私はとても興味を持ち、一生懸命、その社長の構想を聞きました。営業トークは苦手で、自分の商品のことを売り込むことはうまくできない私でしたが、逆に人の話を聞くのは楽しかったし、その話に対する相槌や提案はどんどんできました。今思えば、この頃から、**私は仕事の穴を「ビジネス母性」で埋めていたのです。**

このとき、私は自分が売らなければならない不動産のオンラインネットワークではなく、前にいた部署の仕事（女性のための就職情報誌『とらばーゆ』）の話をしました。

というのも、社長の構想しているショールームには、男性社員ではなく、女性スタッフが向いていると思ったからです。

「私が前にいた部署で、『とらばーゆ』という女性向けの就職情報誌を作っています。ここに、このショールームで働く女性の求人広告を出しませんか」

初めて、しかも思わず、心からの営業トークが口から出てきました。同時に、自分のツッコミの声が聞こえてきました。「ちょっと！　それ他部署の営業じゃないのっ！」

だけど、このときは自分の利益よりも、社長の思いに共感し、なんとしてもそのショールームを作りたいという思いが芽生えていました。上司を説得し、前の部署の方にお願いし、あれほど苦手だった求人広告のサンプルを自分で作成したのです。そして、2回目のアポイントに臨みました。社長は、「君がそこまで真剣に言うのなら、女性を採用することを検討してみよう」と言ってくれました。

「君と夜遅く電話で話したときに、思ったんだよ。今まで視野に入れてこなかった女性だけど、案外、女性のほうが一生懸命仕事するかもしれないってね。よしっ、その『とらばーゆ』に求人広告を掲載してみよう」

「ありがとうございます！」

そんなこんなで、私は初受注することができましたが、なんと、他部署の商品で初受注！　ちょっとズレてるのも「60点女子」らしくて笑えます。

さて、その広告の効果にハラハラしましたが、『とらばーゆ』が発売されたその日に社長から電話がかかってきました。

「聞いてくれ！　ものすごい反響だよ」

社長が興奮気味に、嬉しそうに報告をしてくれました。結果、とても優秀な女性を3名採用でき、私はその3名のお姉さん役（？）になりました。社長もこの女性たちも、私の訪問を心待ちにしてくださるようになりました。**私が歓迎されたのは、彼らの話をじっくり聞く、根気強い聞き役だったからでした。**あ、これも「ビジネス母性」ですね。

「カメ」は「ウサギ」より、じっくり人の話を聞けるという長所もある。その頃、ようやく**「カメ」にも「カメ」なりの良さがあることに気づき始めました。**

人真似なんてしなくていい。〝自分流〟でいこう！

ある日、社長と一緒にショールームの予定地に行って、工事現場で立ち話をしました。そのとき、社長がこう言ってくれました。

「君は、私の話を本当によく吸収してくれて、まるでスポンジみたいだ。それがとっても楽しい。君に話すことで、自分の考えが整理できて、次の事業の構想が湧いてくるんだよ」

「ありがとうございます。では、社長、私との関係を切らないために、私が今売っているこの商品も購入していただけませんか？」

私にしては、よく思い切ったことが言えたものです。なぜこんな大胆なことが言えたのかわかりませんが、社長は、「わかった。契約しよう」と言ってくれました。そして、これが本当の意味での私の初受注となったのです。

実はこのあと、この私の無茶苦茶とも思える営業手法（「女性を採用する」→「その女性に我々が売っている不動産情報システムを活用してもらう」）は、新しい部署での営業スタイルになりました。今でこそ、「モノではなくてコトを売る」などと言って、自分の会社で商品企画支援を行っていますが、こうして振り返ってみると、「モノを売る」ことがどうしてもできなかった私が「自分をわかってもらい、コトを売る」というスタイルでお客様を獲得してきた経験が、今のビジネスに生きているのかもしれません。

そして、私のこの営業スタイルは、後発で発足した関西チームの独自営業スタイルとなり、東京・大阪合わせて行われた「仕事自慢大会」で私は「金賞」を受賞しました。人と話すことがあんなに苦手だった私が、仕事で表彰されるという思いもよらない事態が起こったのです。

「カメ」、つまり「60点女子」でも、仕事で成功できたのです！

それまでの私は、人に何かを「売る」「伝える」というのは、カッコよく難しいことを話さなくてはいけないと思い込んでいたので、どうしても話すことに尻込みしていました。

でも、あの夜の社長との電話や工事現場での会話をきっかけに、**「いくらカッコ悪くても、自分の言葉で自分の思いを一生懸命伝えることのほうが人の心を動かす」**ということを実感しました。その後、私は、**「カッコつけない」「知ったかぶりをしない」「自分が腹落ちしていない表現は使わない」**ということを心がけるようになりました。

自己肯定で、「負のスパイラル」から脱出できた！

リクルートに入社した頃、「一緒に仕事をしたくない」とまで言われていたダメダメ社員だった私が、最も苦手だった営業で「金賞」を取るなんて自分でも信じられないことでした。

私が「カメ」から「ウサギ」に変わったのでしょうか？　いえいえ、人はそんなに急激に変われるものではありません。ただ、人の真似をしても意味がないということはわかりました。

変わったのは、自分の個性を自分で理解して、その個性を生かす方法を見つけたことでしょうか。その個性は、必ずしも「営業トークがうまい」という積極性とは限らず、「こちらから積極的に話ができなくても、相手の話をじっくり聞くことで、相手が自分で考えをまとめる助けになってあげる」というのもアリです。そんな自分の個性を認めて、**「こんな自分でもいいんだ」と〝自己肯定〟できるようになったことが大きな変化でした。**

こうして、「自分流」の営業スタイルを身につけた私は、少しだけ自分に自信がついて、上司や周りの人たちの助けもあって（「一緒に仕事をしたくない」と言われるところから、助けてもらえるレベルになったことも大進歩！）、次々とお客様を増やしていきました。

あるお客様からは、「あなたの目が生き生きしているから」という理由で受注をいただいたこともありました。不思議なものです。**私が面白く楽しそうに仕事をしていると、お客様の心を捉えることも学びました。**

「個性がない」「取り柄もない」と嘆いていた「60点女子」の私がこんなに変わったのは、ちょっとしたコツをつかんだからです。それは、自分のダメなところも良いところも含めて、自己肯定できるようになって、自分から心を開けるようになったことです。

仕事がうまくいかないことを悩んでいた私は、心を閉じたまま「負のオーラ」を発していたのだと思います。「負のオーラ」を発していては営業もうまくいくはずもなく、ますます仕事ができない「負のスパイラル」に陥っていました。それが、どうでしょう。いったんコツをつかむと仕事が面白くて、心を開くように。ついに、営業のMVPまで連続して受賞するようになりました。こうなると支社長との食事会などにも出席ができ、社内の人脈も広がり、さらに仕事もうまくいくようになるのです。心を開いて、仕事もうまくいくようになると、「生き生きオーラ」を発するようになり、すべて「プラスのスパイラル」に変わっていきました。

無理に自分を変えなくても、〝その日〟はやってくる！

「負のスパイラル」から脱出できたのは、自己肯定できるようになったからですが、その自己肯定には〝きっかけ〟が必要でした。そして、そのきっかけは、ある日、突然に訪れます。私が自分がいいと思うことをして、初めて上司から褒められた日のように……。

自分から「変わろう！」とアクションを起こしたわけではありません。そもそも「60点女子」でしたから、きっかけを自分で作ることなんてできませんでした。

それでも、**〝その日〟は、必ずやってきます。**あなたが無理に自分を変えなくても、そのままのあなたにスポットライトが当たるような〝その日〟が、ある日突然に……。

その日が訪れるまでは、今は「みんなより劣っている」としか思えないかもしれませんが、**今の自分にできることを自信を持ってやり続けてください。不安のままでも歩みを続けていると、その「不安」も「生きる力」になり「財産」になっていきます。**これは、私の年齢になったから言えることかもしれませんが、この意味がみなさんにわかってもらえるように、この本を書いていきます。

55歳の今、「60点女子」は最強だと心の底から思っています。24歳の初受注のあと、私の人生は決して、トントン拍子ではありませんでした。山あり谷ありの人生を歩んできましたが、こうして現在、自分の会社を立ち上げて、素晴らしい仲間に恵まれて仕事ができているのは、私が「満点女子」ではなく「60点女子」だったからではないかと思っています。

第1章

自信がない「60点女子」が急増中

あなたは自分に点数をつけるとしたら、何点ですか？

まず、「『60点女子』って、こんな女子だよね」というイメージを共有したいと思います。この本で取り上げている「60点女子」の「60点」という点数は、綿密なチェック項目があって、その回答を点数化したものではありません。あくまでイメージです。

私が想像するに、「満点女子」（これもイメージですが）は、「60点女子」というタイトルがついた本を手に取らないかもしれませんね。自分より〝格下〟の女子から、学ぶことなどないと思うでしょう。「60点女子」を〝最強〟と言ってしまうこの本は、「満点女子」には〝負け犬の遠吠え〟のように感じられるかもしれませんね。

「80点女子」は、あと少しだけ自分に足りない「何か」を自覚していて、それを埋めるためのハウツー本か、もしくは、私のような「元60点女子」ではなく、優秀なエリート女性がエネルギッシュに行動して女性成功者になった本を読んでいる気がします。

「49点以下の女子」は、自分のことを平均以下だと思っているわけです。そうなると、前向きな気持ちが薄れ、「本を読むことで、自分や自分の人生を変えよう」という発想すら消えかかっているかもしれません……。

そう考えると、この本を読んでくださっているあなたは、自己評価で50~70点ぐらいでしょうか？　男性に比べて女性は自己評価がシビアなので、客観的には「80点女子」も含まれているかもしれませんね。

自分が設定している目標が高すぎて、そこに到達しないから、自分のことを「60点女子」と思っている場合もあります。そう考えると、自分のことを「60点女子」だと思っている女性の幅は広く、圧倒的多数ということです。

では、「私は60点女子である」と確信を持っていただくために、チェックテストをしてみましょう（59ページ参照）。項目のうち、3つ以上当てはまれば、あなたは立派な「60点女子」です。

どうでしたか？　実は、これらはすべてかつての私です。当てはまる項目が2つ以下なら、ここで、この本を閉じてしまってもいいわけですが……。逆に3つ以上だった人は、かなりの項目が「あるある」だったのではないでしょうか？

さて、〝立派な〟「60点女子」と認定されたあなたですが、きっと、すべてにおいて世の中的には十分に、もしくはギリギリ〝合格点〟だと思います。一通りのマナーや常識も身についていることでしょう。おそらく、ちゃんとした会社の筆記試験に合格して、面接もクリアしたはずです。それなのに、自分に自信がなく、今の自分に満足していないということですよね?

「みんなからかわいがられている○○ちゃんみたいになりたい」

「バリバリ仕事をしている○○先輩のようになりたい」

「自分の〝売り〟がまったくない」

「どうも、損な生き方をしているように思う」

「このままでは将来どうなってしまうのだろうと不安……」など。

「満点女子」に比べると、トータル40点分のマイナスがあると感じているわけです。

でも、元(今でも?)「60点女子」の私から言わせてもらえば、それを苦にする必要はまったくありません。まずは、自分のことを「60点女子」と認めてください。そこから新しい可能性が開けてきます。**自分では欠けていると思っている40点のなかに、誰も持っていないあなたの可能性が眠っているのです。**

……などと言っている私も、若いときにはそんなふうに思えず、「60点女子=ダメダメ人間」と思っていました。この年齢になって、ようやくわかった「マイナス40点」の意味、「60点女子」の愛すべき魅力。それをわかってもらうのがこの本を書いた目的なのですが、この章では、私ももう一度若い頃に戻って、

「60点女子の嘆き」をみなさんとシェアしたいと思います。

すべてギリギリ合格点。でも個性がない!

私は小さいときから「自分はかわいくもないし、個性もないから、勉強するしかない」と思っていたので、学校の成績は悪くはありませんでした。成績だけに限れば、「満点女子」とまではいかなくても、間違いなく「60点女子」以上。なのに、気持ちはずっと「60点女子」でした。パッと見て何の印象も与えないごく普通のルックス。「私はコレが得意です」というものもなかったし、「一緒にいると楽しい!」と思ってもらえるようなオーラもありませんでした。勉強ができなくても、甘え上手でみんなに好かれていて、いつもキラキラしているような女の子はうらやましかったです。

そのパッとしない状態は、就活の頃になっても続いていたので、ことごとく面接で落ちたわけです。理由は「おとなしすぎる」って……。要は人を惹きつけるオーラがなかったということでしょう。

「おとなしい」とか「地味」とか言われると、「じゃあ、どうすればいいの?」と聞きたくなりませんか? 例えば、派手な服を着れば手っ取り早いかもしれませんが、そんな勇気すらありません。ましてや、大きな声で自分が中心になって話すなんて無理です。だいたい、みんなが興味を持ってくれるようなネタもありません。自虐ネタすら思いつきません。「私、何の取り柄もなくて、地味で目立たないの」と言ったところで、「そうだよね」と言われて終わってしまいます。

本当は、みんなの話を一生懸命、笑いながら聞いてあげることができるのも「長所」だし、十分に「個性」なのですが、そんなことに気づくのは、ずっとずっと先のこと。私の暗黒時代も相当長く続きました。キャラの立った社員が多かったリクルートにおいては、私の個性のなさは逆に希少価値があったかもしれません。

華やかさのカケラもない地味な仕事

「華やかで目立つ60点女子」というのは、あまり会ったことがありません。「60点女子」といえば、「地味で目立たない」が典型。異性はもとより、同性の後輩からも決して〝憧れの対象にはならない〟という悲しさ……。かといって、からかいの対象になるかというと、イジられもしないという寂しさ……。要するに、主役にはなれず、常にその他大勢の〝脇役〟ということです。

営業の「満点女子」が、「じゃ、行ってきまーす！」とジャケットを羽織って颯爽と出ていく姿、カッコよくて憧れますよね。しかし「60点女子」の私が嫌々営業をやっていた頃は、行く当てもなく、「行ってきます……」ですでに肩を落としていました。

「満点女子」は仕事面で活躍することも多く、そのたびに「おめでとう！」「すご～い！」と称えられてチヤホヤされます。「お～い、今晩の○○商事との宴会、出てくれないか」なんて、華やかな席にも駆り出されることもあります。でも、「60点女子」に声がかかることはありません。どうやら「60点女子」は、宴会の華になることも期待されてないようです。「60点」といえども女子は女子なんですけどね。おそらく地味すぎるのでしょう。〝華〟にはなれない。

だけど、〝華〟になるために、自分のほうから媚びを売るような態度もできない女子が多いのです。真面目というか、変に潔癖なところがあって、「涙を武器にするのはズルイ」「オンナを売り物にするような仕草は恥ずかしい」「取り分け女子にもなりたくない」「あからさまにオシャレになるのも、何か言われそうでできない」「意味もなく、ニコニコと愛嬌をふりまくのもイヤだ」……。うまく、自分を演出できない不器用さから、自分をがんじがらめにして、結局「60点女子」は地味に目立たなく、ひっそりと咲き続けます。

まれに「一芸」を持っている「60点女子」はいます。「英語ペラペラ」「カラオケ上手」

「ヒップホップ踊れる」……。でも披露する勇気がありませんから、スポットライトを浴びることもありません。

仕事はもっと地味です。「60点女子」は一般事務をしているOLが大半です。実際は、真面目にコツコツと黙々と確実な仕事をする女性社員がいなくては、会社は回っていかないわけですけど、その仕事内容は決して面白いとはいえません。その地味な仕事には、かりに自分に個性があったとしても、その個性を出す場面はありません。優秀だったとしても、頭角を現すコンペの場面もありません。

そこから、抜け出す方法もないように思えてきます。転職か結婚退職でもしない限り、こんな毎日が何年も続きそうで、「60点女子」は前途に不安を持ってしまいます。

「私なんて何の役にも立たないと思います」と予防線

若いときは自分に自信がなくても、年を取れば少しは自信が出てくるかというと、そうとも限りません。

私の会社は商品企画のためにアンケートを実施するので、多くの女性モニターたちを採用しますが、そのときに採用する女性たちは、100人いたら100人とも同じことを言います。

「私なんか何の取り柄もないし、そんな気の利いたことは言えませんよ」

「私なんか何の役にも立ちませんよ」

モニター調査の対象になる方は主婦が多く、いったん会社を辞めて家庭に入っているので、「普通の主婦の私に、できることなんてあるのか不安です」という声をよく聞きます。自信のなさから、極度に謙虚になります。

「私なんてダメですよ」と先に予防線を張るのも「60点女子」の特徴です。予防線は、「やっぱり役に立たない人だった」と相手をガッカリさせてしまいたくないという〝優しさ〟も関係しているでしょうね。

若い女性でも、口を開けば「私なんて……」と言う人、多いですよね。「自信がない」というのは若い女性の特権ではありません。30代、40代、50代……。「60点女子」である限り、「自分に自信があります！」とキッパリ言える日は来ないかもしれません。

でも、安心してください。「自信がある」となかなか言えないことと、幸せな人生を歩むことは、まったく別のことですから。

自分否定から抜け出せないから、人真似ばかり

自分に自信がないと、「あの人はすごい！」と思う誰かの真似をするしか、自分を引き上げる方法が思い浮かびません。その人の仕事のレベルに追いつくのには、努力も時間も必要なので、まずは手っ取り早く「カタチ」から。その人の仕草、使っているモノ、身につけているファッション、読んでいる本、観ている番組・映画……。「60点女子」は、すぐに真似できそうなことは真似してみます。

私の場合、仕事ができるカッコイイ女性の先輩に憧れて、「メントール系の煙草を吸ってみる」という、恥ずかしいほど「カタチ」から真似をしてみました。もちろん、うまくいくはずがありません。仕事ができる女性の煙草はカッコよかったけど、仕事もできなかった「60点女子」の私に煙草が似合うわけありません。ましてや、煙草を吸って、仕事ができるようになるわけもなく……。同じことを真似してみると、余計に差がついて、みじめな気持ちになります。周囲の人から見ても、明らかに真似しているのがわかり、滑稽だったと思います。でも、自分を変えたいとき、人真似しか思い浮かびませんでした。

営業トークのうまい人のトークを真似しようと思っても、その人の口から出るのと、自

分の口から出るのとは、同じセリフでも違って聞こえます。バリキャリ風なスーツが似合う先輩に憧れて、自分もカッコイイ系のスーツを着てみても、どうもしっくりこない。なんだか、「借りてきたスーツ」のように見えてしまいます。

自分をまったく肯定できない〝劣等感の塊〟だと、「他人のいいところを取り入れよう！」しか頭にありませんでした。憧れの人が得意としているコトを真似しても、その人に敵うわけがないのに、どうして、そのときは気づかないのでしょうね。不思議です。

これから上り坂？　下り坂？　岐路に立つ60点ライン

若い頃の「60点女子」は、とても微妙な岐路に立たされています。自分の〝選択〟や〝頑張り〟や〝運〟や〝彼氏（夫）〟で、自分のその後の人生が大きく変わるような気がするからです。今の自分が「60点女子」だとしても、未来の人生は「満点」になるかもしれないし、反対にどんどん落ちていくかもしれない。だから、「何かしなくては！　今できることは何かしら」と焦ります。

そもそも「仕事で頑張る」などという気持ちが希薄な「45点女子」なら、「どうして、あのバリバリ働いている先輩のようになれないのだろう」とか「仕事が認めてもらえない」などと深刻に悩みません。自分の戦う土俵は仕事ではないとわかっていますから。彼女たちの戦いは、自分の人生を「満点」までは届かなくても、「80点」ぐらいにしてくれる伴侶を見つけることです。そのために、〝かわいくて愛されるＯＬ〟になることにエネルギーを注ぎます。

そんな〝男性に愛されること〟に焦点を絞っている女子たちに、「60点女子」が勝てるわけがありません。チヤホヤされているカワイイ系ＯＬを横目に、なお一層、「私はあんなふうになりたくない」と、愛想笑いを封印し、涙を武器にしないと心に誓ってしまう。そして、どんどんチヤホヤから遠ざかっていく不器用で悲しき「60点女子」……。

「満点女子」に対しては、もう完璧すぎて嫉妬も起こらず、少しでも近づけるように真似をしてしまいます。その真似がうまくいかなくて、ますます「満点女子」との差を露呈してしまい、落ち込んでしまうのが「60点女子」。今なら、「私は私。自分のやり方でやろう」と思えるのですが、若い頃は自分に自信がなく、「自分のやり方なんて、いいはずがない」という前提でした。真似をするしかなかったのです。

「80点女子」はちょっと気になる存在です。自分より少しいい部署にいたり、責任ある仕事を任されていたり、仕事人としても女性としても〝認められている〟オーラをまとっているように見えます。〝高嶺の花〟までいかなくても手に届きそうなところにいるので、なんだか男性からもモテているようにも見えます。

「この差は何なんだろう。見た目も、学歴や実務能力も、私とそんなに差がないように見えるのに……。そうだ！　今の職場は、自分が生かされていないのかもしれない。私の居場所はここではないかもしれない」

「60点女子」は、いつも不安で落ち着きません。

私の居場所はここでいいの？　〝きっかけ〟を待っている

「60点女子」は、一通りの常識も事務能力もあるので、〝転職する実力〟はあります。だからこそ、揺れます。迷います。今は「60点女子」だけど、頑張れば「80点女子」になって、やがては「満点人生」を送れる可能性もあります。今の〝正当に評価されない仕事〟〝地味で報われない事務〟を淡々とこなす毎日の繰り返しで、このまま「60点人生」を送る可能性が大きいと感じるので、ゾッとします。無駄に年を重ねて婚期を逃すか、ダメ男と結婚して「40点人生」を送るのか。そんな想像をすると、「このまま60点女子でいいのだろうか」と恐怖すら覚えます。今のままの自分でいいわけがないという思いはますます強くなります。

「思い切って、転職しようか」「いやいや、一度転職したのに、2度目の転職は条件悪くなりそう」「そもそも会社勤めなんて向いてないのでは?」「趣味を生かせる仕事とか、資格を取ってフリーランスになるのもいいかも」。いろいろな選択肢があるのはわかっているけど、自分では決められない。優柔不断と受け身は、「60点女子」の専売特許の一つです。

白馬に乗った王子様が迎えに来てくれるのを待つほど〝夢見る乙女〟ではないけど、自分が飛躍できるような〝きっかけ〟は待っています。「待ってるだけじゃダメよ」という自分の内なる声も聞こえてるけど、動けない。それが「60点女子」なのです。

それも仕方がないことです。これまでの人生は、おそらく「攻め」より「受け身」で乗り切ってきたでしょうから。あとは、「逃げ」も得意ですね。

私のリクルート時代もそうでした。「営業じゃない部署に行かせてください」と上司に頼みました。完全に「逃げ」です。ただでさえ、「60点」なのですから、苦手な仕事をして、これ以上自分が苦しくなるのも、評価が落ちるのもイヤでした。楽なほうへ行こうという「逃げ」に対しては、異動願のような「攻め」のアクションを起こすことがあります。

とにかく、「このままでいい」と満足している「60点女子」は皆無に近いのではないでしょうか? そして、「変わりたい」と切望していて、〝待っている〟のです。

「私、サンドバッグ?」ちょっとしたことで責められる

「え? それって私のせいですか?」と思いながらも、責められること、多くないですか?

仕事人としてのプライドなんてあるわけないと思われています、たぶん。「涙を武器にしない」と決めて、泣くのを我慢しているのに、それを「図太い」と思われているフシすらあって、たまに、「フン……。何度言ってもこたえないヤツ」というつぶやき(?)が聞こえてくることもあります。

だいたいの社員は、仕事がうまくいかなくて誰かに文句を言いたいとき、上司には言えないし、仕事の内容が理解できない「49点女子」に当たっても仕方ない。そこで、一応、その仕事がなぜうまくいかなかったのか理解できるレベルにはいる「60点女子」にブツブツ愚痴ります。

「おれが、この資料作るのにどれだけ時間かけたか知ってるだろう?」

「はい」

「先方の会社、この提案を理解する能力がない。そう思わないか?」

「はい」

「あ、プレゼンの資料、1カ所数字間違っていたぞ。恥かいたよ」

「(って、先輩の数字通りに作成しましたけど!)……すみませんでした」

「だいたい、君ねぇ、すぐ〝すみません〟って言うだろう。これもいけないんだよ。電話でもね、先方を優位に立たせてしまうことがある」

「すみません」

「ほら、また……。あ、お茶こぼれた。君ねぇ、お茶もさっさと片付けてくれなくちゃ。まったく気が利かない」

「(昨日、片付けたら、「まだ飲んでいたのに」と怒ったくせに……)」


怒りのパワーを「60点女子」にぶつけたら、吸収してくれるとでも思っているのでしょうか? 私はサンドバッグ? 「60点女子」は責めるにはちょうどいい相手だと思われています。

下手をすると新入社員にまで責められます。

「先輩、この前教えてもらったこと、間違っていました!」

こちらが反撃しない性格だと感じ取ると、後輩ですら強気で責めてきます。年下の女性総合職にとっては、一般事務女性はもちろん格下。こうして、「60点女子」はいつも社内ヒエラルキーの底辺にいます。

また、「60点女子」は自分に自信がないことも手伝って、いとも簡単に、素直に、「すみません」「ごめんなさい」と謝ってしまうのです。社内のイライラのかなりの部分を受け止め、吸収していることにおいては、ありがたい存在なのです。

「自分さえ我慢すれば……」。言い出せなくて損ばかり

責められれば、すぐ謝る。喧嘩も主張もしないで、ひたすら〝自分〟を引っ込める。「60点女子」は遠慮深いのです。遠慮というか……、まずは相手を〝立てる〟ことに気を遣ってしまいます。もちろん、争いは極力避けたいと思っていますから、「え?」と思われるようなことは言えません。

例えば、「今度の連休、誰がいつ休みを取る?」というような話になったとき、絶対に最初に希望を出しません。自分にとって、かなり大切な用事があっても、みんなが休みを取ってから、残りの日に休みを取るようなところがあります。

「飲み会、今週の金曜日でいいかな?」と聞かれて、大半の人の都合がよければ、自分

に先約があっても、「実はその日は……」と言い出せません。一度決まった約束を、自分の都合で「変えてください」などとは、絶対に言えません。

昔、同僚のなかに、出産退職したいのにそれすら言い出せなくて、とうとうお腹のほうが目立ってしまった女性がいました。会社の人手不足や後継者がいないことなどを考えると、どうしても言い出せなかったそうです。「自分さえ我慢すれば……」という自己犠牲精神はピカイチの「60点女子」。あとになって、同僚から「やだぁ、早く言ってくれたらよかったのに」と言われても、言い出す勇気もなく、あとでウジウジと後悔をすることが多いのです。

譲歩できる限界まで譲歩してしまう……。「60点女子」が「自分を変えたい」と思っている〝ダメなところ〟の一つです。

この先も、「60点女子」の我慢は続きます。それが〝負のエネルギー〟として溜め込まれていくことになっていきます。

「60点女子」あるあるチェックテスト！

□自分よりも、人が考えていることのほうが優れていると思ってしまう（**自信がない**）

□バリバリ仕事をしている人を見て、自分にはできないと思ってしまう（**劣等感がある**）

□〝なりたい人〟の真似をして、空回りしている（**自分軸がない**）

□同じ失敗をしても、なぜか自分だけ怒られることが多い（**責められやすい**）

□自分のどこを磨いていいのかわからない（**自分の長所がわからない**）

□いつも聞き役で、自分が話題の中心になることはない（**脇役・聞き役**）

□人前でうまく話せない（**話下手・自己ＰＲ下手**）

□「誰かこんな私を変えて」と待っている（**変身願望はあるが受け身**）

□失敗したとき、涙を武器にできる女性がうらやましい（**かわいげ不足**）

□ついつい周りの空気を読みすぎて、いつも損をしている（**損な役回り**）

□バカ正直でお世辞が言えず、ご機嫌取りもできない（**対人関係が不器用**）

□衝突しない、主張しない、すぐ謝る（**戦わない主義**）

□イヤなことがあっても我慢する（**忍耐強い**）

□一度約束したことを自分の都合で変更できない（**遠慮深い**）

□見た目も行動も、華やかさがまったくない（**地味で目立たない**）

第2章

「60点女子」の生き方の秘訣は「柳に風」

何かと〝標的〟になりやすい「60点女子」

いつも自分に自信がなくて、「私、どうしたら変われるだろう……」と漠然と悩んでいる「60点女子」。世の中は、どうも「60点女子」が得するような社会構造にはなっていないかもしれません。私が新入社員だった頃から30年以上はたっているのに、相変わらず、「60点女子」の大部分を占める「普通のＯＬ」は陰で泣いています。〝頑張っているのに報われない〟存在です。

「男女雇用機会均等法」は私が入社した１９８６年から施行され、２００７年には性差別に対してさらに厳しく規制されるようになりました。２０１７年からは、職場における妊娠、出産に関するハラスメント防止措置も定められました。

法律上は、年々、女性が守られるように改正されているのですが、日本の男性社会はそれほど変わっておらず、変わったのは、昔、横行していた女性に対する〝弱いものイジメ〟の呼び名だけ。「セクハラ」「パワハラ」「モラハラ」「マタハラ」……何が何だかわからなくなるほど多種多様な「ハラ」「ハラ」「ハラ」。内容を聞けば、昔は当たり前にあったことばかり。

「あれ〜、今日はご機嫌斜めだね。彼氏とケンカした?」「まだ結婚しないの?」ぐらいなら、まだマシ。「今日はアノ日かな?」なんて、知ったような顔で上司に言われても、「それ、セクハラですよ!」なんて言えませんでした。そんな名称がなかったから。

でも、あの頃だって、仕事がデキる「満点女子」は、からかわれることもなかった気がします。標的になるのは、何か言われて頬を赤らめてしまうような「60点女子」。時代が変わっても、おとなしくて、文句を言えない「60点女子」はいじめられやすい、からかわれやすい存在なのです。

からかわれるだけなら、まだ頬を赤らめるだけで済みますが、叱られるときも「60点女子」が標的になりやすいのです。〝責められやすい〟のです。ちょっと会社の日常風景を思い出してください。一番、責められているのは誰でしょう?

「プライドを傷つけてはいけない人」「逆ギレしそうな人」「すぐ泣く人」は責められません。みなさん、本能的に〝触ったら、ややこしそうな人〟を察知しています。「かわいい人」「美人」も責められません。「嫌われたくないから」という理由で。もちろん、特定の人に明らかに非があるときは、その人が叱られます。そんなときでも、「どうして、キミがついていて、気がつかないんだ! なんのための営業補佐なんだ!」とか、矛先を向けられて責められることがあります。

「いったい何なんだ！　私はサンドバッグじゃないぞ〜」とこの理不尽さにキレそうになることはありませんか？　でも、キレない……。そんな大胆なリアクションもできないのが「60点女子」です。

これらの圧力にまともに立ち向かっては、うつになるか倒れるか……。平気な顔をしていればしていたで、「扱いにくい女子」「図太い女」などと陰口を言われかねません。

そこで、**「60点女子」には、これらをうまくかわす〝極意〟が必要になります。それは、「柳に風」**です。

上司や自分より仕事ができないような同僚を、「ギャフン」と言わせてやろうと頑張りすぎると、ある日、ポキンと折れてしまいます。あるいは、「出る杭は打たれる」のように、潰されます。折れてしまうよりは、柳のようにしなやかに倒れておいて、また起き上がるほうが得策です。これを、「柳に風」といいますが、「60点女子」には合っています。

「60点女子」には、男性やデキる女子のようなプライドはないと思われるので（失礼！）、とりあえず〝いったん倒れる〟ことに抵抗はないと思います。

男性と互角に戦う必要なし！「さしすせそ」でかわす

「だから女は……」

今の世の中、就職試験をしても女子学生のほうが高得点を取る時代なので、そんなセリフを吐いてしまう男性はかなり少なくなりました。少なくとも、若い世代の男性はそんなことは言いません。問題は、圧倒的男性社会のなかでサラリーマン人生を送ってきたオジサマたちです。こんな時代なので、理性で少しは我慢をしている様子ですが、口に出さなくても、態度や表情でわかります。

男のプライドは山より高くて、傷つけられると牙をむいてきます。例えば、女子社員が自分を通り越して、上の上司に報告してしまう「頭越し報告」などすると、「どうして、そういうことをするんだ！」と、かなりご機嫌が悪くなります。面子が何より大切なようです。

仕事面では、最近は女子の総合職も多く、「女に負けるわけにはいかない」と、女性以上に肩に力を入れて〝武装〟しています。「60点女子」は彼らと同じ土俵で戦うことはほとんどないので、ライバル視されることはないと思いますが、イライラをぶつけてくることはあり得ます。これも**「柳に風」で、ほんわかかわしてください。武装している鎧は脱がせてしまいましょう。**

どんなに腹が立っても、戦ってはダメですよ。

言いたいことは全部言わせてあげる。それだけで十分です。さらに余力があるなら、〝気持ちよく〟言いたいことを言わせてあげる。

男性を褒める「**さしすせそ**」って、聞いたことがありますか？「**さ**」＝「さすがです」、「**し**」＝「知らなかった」、「**す**」＝「スゴイ！」、「**せ**」＝「センスいいですね」、「**そ**」＝「そうなんですか！」。

「そんな単純な褒め言葉に乗ってこないでしょう」と思うかもしれませんが、男性は本当に単純です。褒められれば喜ぶ。「さすがです」「わぁ、知りませんでした」と言われると、プライドがくすぐられて、すぐにイイ気になってしまいます。面倒くさい上司の自慢話も、この「**さしすせそ**」の5つのパターンを使い回せば、想像以上の効果がありますよ。相槌に真剣に悩む必要はないのです。かわし方に困っているなら、使ってみてください。

あとは、男性の嫉妬にも要注意。意外と嫉妬深いです。自分のときはもらえなかった誕生日プレゼントを、他の男性社員がもらっているのを見たとき、嫌みか自虐が飛び出します。

「やっぱり、いいよな～。若いイケメンは仕事できなくてもモテて……」

おそらく、「60点女子」は、狙った男性に積極的にアプローチするタイプではないと思いますが、できるだけ誰にでも公平に！　それが平和な職場を維持する秘訣ですが、「60点女子」のみなさんは、もともと喧嘩をしない平和主義なので無意識にそうしていると思います。

女性同士のマウンティング闘争、逃げるが勝ち

女性の世界もなかなかコワイですよね。表だった闘争はないけど、いつも自分と誰かの優劣をつけて戦っている女性もいます。一緒にランチやお茶をしていて、一見、楽し気な会話に聞こえるけど、よく聞くと戦っています。

彼氏のスペック比べはよくある話。「連休にどこへ行ったの？（海外？　国内？）」「化粧品はどのブランドを使っているの？（私より高級？）」「え～、そのバッグ、新作だよね（なんでアンタが持ってる！）」……。すべて、戦っています。戦う気がないなら、すべて「へ～、すご～い！」で通したほうがいいです。「あ～、私もそれ持ってる」とか、「私は連休にハワイへ行った」とか、余計なマウンティングはしないほうが得策です。「自慢し

て得することは何もない」と思ったほうがいいです。

その人がいないところで悪口を言うのも、よくある光景。これも気をつけましょう。

「そうだよね」と言ったら最後、あなたも悪口を言った一派に入ってしまいます。「あの人はそんな人じゃないと思う」なんて弁護もダメ。「ん？　この子は敵？」と思われてしまいます。「そうだよね」と「そうなんだ……」は違います。**「そうなんだ……」は聞くだけで意見を言ってませんから、これで切り抜けてください。**

女性同士のグループのなかでは、「60点女子」に徹するのが一番。完璧ではないから助けてもらえることもあるし、先に話した「信用できる」という理由で悩み事を相談されることもあるでしょう。ファッション感覚などを含めて、明らかに「普通以下」だと「友達」から外されることもありますが、飛び抜けてかわいかったり、カッコよかったりしていないことがポイントです。

同性を敵に回さないというのは、とても大切なこと。ときとして、女性は陰湿に人の足を引っ張ります。褒めているようで、その人の価値を落としている。同情しているようで、完全に見下していることがあります。

取り柄がないのは良いことです。「スタイルがいい」「スペックの高い彼氏がいる」「帰国子女で英語ができるらしい」「実は地元の名士のお嬢様らしい」……。目立ったら叩かれますから。

褒められても、おだてられてもイイ気にならないこと。これも「柳に風」でやり過ごしてください。

「敵を作らない」という才能は、一生にわたってあなたをトラブルから守ります。

何もしなくても、「信用できる人」になっている

「60点女子」は、みんなの輪のなかでおしゃべりの中心になることは少なく、人の話を面白そうに聞いている側であることが多いと思います。

「ね〜、知ってる？　経理部のAさんって、総務部のBさんと付き合ってるんだって」

「Cさんって威張ってるけど、すごくセコイところがあるのよ。私、この前、見たの！」

社内で行き交っている噂話も、あなたが吹聴することはないでしょう。口下手ということもあるでしょうけど、それでいいのです。そういう噂話も、聞いているのか聞いていないのか、興味がないのかあるのか、喰いついてはこないあなたのこと、みんなは見ています。

約束も必ず守るし、ズルイこともしない。人から見たら、不器用と思われるほど、正直。

上司に歯の浮くようなお世辞も言えないし、同僚女子にも心と裏腹なことは言えない。そういう様子を周囲はちゃんと見ています。

「特別な目立つことをしない」「おとなしい」「おしゃべりではない」「約束は必ず守る」「嘘はつかない」。こういう当たり前だけど、今の世の中では当たり前ではなくなっている〝バカ正直〟なところも、個性です。〝バカ正直〟は、磨くと〝信用〟になるのです。

あなたは何もしなくても、「信用できる人」になっています。「この人は信じていい」というオーラを発しています。いつか、本当に悩みを抱えた人が、あなたになら相談に乗ってもらってもいいと思うかもしれません。それは、あなたが信用できる人だからです。

「私は、バカ正直で世渡りもうまくない60点女子」だと嘆かないでください。あなたはそのままで、信用を築いているのです。

不遇を嘆くヒマがあったら、勉強する。

「今の職場だと、自分が生かされている気がまったくしません。ハッキリ言って、〝小間使い〟です。なんだかな〜。このままでいいのかな〜って思います」

こんな「60点女子」も多いですね。転勤も厭わない男性社員と違い、〝THE普通のOL〟の女子社員に、会社も大きな期待も責任も負わせません。いないと不便は感じる、ぐらいのポジションかもしれません。だとして、あなたはどうします？ とどまるか、転職するかの二択になった場合、どうしますか？　もちろん、辞めて、転職するのもアリです。でも、今の会社が安定した優良企業で、お給料もまあ良くて、うつになるような陰湿な人間関係もなくて、〝やりがい〟さえ求めなければ「いい会社」の場合、悩むところです。

転職という一大決心をして、未知の可能性にかけますか？

「柳に風」の対処法で考えると、たとえ〝小間使い〟的なポジションだったとしても、知らん顔して言われたことだけをやれば、あとのヒマな時間は次のステップに向かって、何かの勉強をしてしまってもいいのでは？　〝不遇〟を嘆いても、怒りがこみ上げてくるだけ。

戦う相手がいないなら、**そのエネルギーを次のステップに向けた〝自分磨き〟に使えばいいと思います。**こそっと、いつの間にか何か資格を取ってしまうのもカッコイイ。

「60点女子」は目立たないのをいいことに、高校時代の授業中の〝内職〟と同じく、〝身体は会社に、心は未来に向けたお勉強〟ができるのではないかしら？　それぐらい割り切ってしまうと、人からどう思われようがラクになります。

ヒマな時間に、許される状況であるなら、会社で購読している新聞を毎日ちゃんと読んでみたらどうでしょう。斜め読みでも構いません。斜め読みをしていても、つい目を止めてしまう記事があるはずです。そんなとき、自分がいつも読んでしまうのは、どんな記事か気に留めてみてください。それが、あなたの本当に興味があることかもしれません。今の会社は新卒の「就活」で入社していて、自分の興味や適性で選んでないかもしれませんが、今のうちに自分の志向や、世の中の動きを知っておけば、転職する決心をしたときにも役立ちます。

「やりがいのない職場」は、こんなふうに利用してしまいましょう。

「結論から先に言え！」の上司に、「60点女子」は合格

男性上司が女性社員に対して最もイライラするのは、「結論から言わないこと」だそうです。結論までの経緯を話さなくては収まらない女性は「結論から言え」と言われても、〝自分の順番〟でしか話せないそうです。

例えば、上司が「A社との契約はどうなったか？」と質問してきたとき、女性は往々にして、「先週の金曜日にA社の担当者にお会いして、今回の件で変更があったことをお詫びして、何とか料金を値上げするようにお願いしたところ、田中さんは『それだと困る。

役員会にかけてみないとわからない』と言われました、そこで、私は……」と、時系列を遡って話し始めるのだそうです。上司はこの報告が終わるまでイライラしながら聞かなくてはなりません。10分ぐらいたって、やっと、「まだこの案件についてまったく結論が出ていない」ことに気づきます。上司は「1週間の間に進展はなかった」ということだけを知りたいのに、女性は自分が経験したすべてを時系列で話さないと気が済まないのです。

これは、もともと男女の脳構造が違い、男性は論理的思考ですが、女性は感情的思考をするからだといわれています。一昔前にミリオンセラーになった『話を聞かない男、地図が読めない女』という本がありましたが、女性は空間を把握する能力が男性より劣っているのです。全体像のなかから、結論だけをピンポイントで取り出すという思考に慣れていないのです。

そこで、何が言いたいのかというと、「60点女子」は意外にも上司への報告が得意だということです。なぜなら、自分が努力したこと、大変だったこともうまくアピールできないからです。自信のなさから、**多くを語らず、結果から報告できる**ので、上司はイライラしなくてすみます。

自己主張できないことが、仕事の上でプラスになることもあるのです。自己主張しないのも、一種の「柳に風」です。

“弱い存在”であることが、誰かの“強い支え”に

私が新入社員だった頃、制作部門に配属されても役に立たず、異動願を書いたときのことです。「絶対に営業職はイヤです」と書いたのに、配属されたのはまさかのバリバリの営業。そこで私は会社を辞めようと思ったことがあります。でも、「どうせ辞めるなら破れかぶれでいこう」と開き直ったのですが、新しい配属先に私の机はなく、「とりあえず、数週間、東京本社で勉強してこい!」と送り出されました。そのとき、たまたま前の職場にいたアルバイト社員の人が手紙をくれました。手紙の内容はこんな感じでした。

「OさんやMさん(先輩の名前)は確かにデキる人だけど、郁ちゃんのソフトな感じは、彼女たちにはない良さだと思いますよ。私は郁ちゃんがいてくれてよかったです」

私は東京へ行く新幹線のなかで、手紙を読んで泣いてしまいました。入社以来、ほとんど褒められたことがなく、「個性を出せ」と言われ続けていた私。良いところなど、何もないと思っていたのに、自分の存在が誰かの支えになっていたという事実を知りました。

世の中、強い人ばかりではなく、私のように自分に自信のない普通の人もいっぱいいます。その人たちにとって、優秀なバリキャリ女子はまぶしいばかり。逆に自分と同じよう

に、自信なげに働いている「60点女子」が近くにいてくれると、ホッとするのだと思います。**自分がダメダメ社員であったことにも、価値があったた**ということです。

そう考えると、背伸びをしたり、誰かの真似をしてみたりして、自分をよく見せることに一生懸命になって、挙げ句、思うようにならなくて失望することに何の意味があるのかなと思いませんか？　**あるがままの自然体で、「自分は自分」と思って平穏な気持ちで生きたほうが、「60点女子」は幸せに生きられる**ような気がしませんか？

結婚も出産も、周りの声に惑わされないで「自分スタイル」

独身女性である限り、「満点女子」でも「60点女子」でも、〝結婚〟の二文字は気になるところです。周りの同僚女子が結婚すると、「気にしない」と思っても、心は正直で〝ザワザワ〟してしまいます。

仕事をバリバリにしている「満点女子」は、結婚に対しても〝余裕〟に見えます。「自分は今仕事が充実していて、結婚どころではないのだ」というオーラを発しています（ように見えます）。一方、「60点女子」は、アラサーあたりになると、「どうしてまだ結婚しないの？」という目で見られます（そんな気がします）。

特に両親は「結婚しないの?」「彼氏はいないの?」と、プレッシャーをかけてきます。それは、きっと、あなたが「60点女子」であることをあなた以上に自覚していて、「こんな手に職もない娘が売れ残ったら大変だ」と心配しているのでしょう。

でも、実は心配には及ばないのです。「60点女子」は平均点以上の女子であり、性格も控えめで穏やか。なんだかホッとする母性も持ち合わせているので、「結婚したい」と思ってくれる男性は現れます!! 私が心配するのは、むしろ、「もうボチボチ結婚しなくてはいけないかしら」とあなたが思ったタイミングに、求婚者が現れて、あなたがその人の本質を見極める前に焦って結婚してしまうことです。人の良い面を見てしまう性格のあなたは、人の悪い面を探そうとはしないので、余計に心配です。もう一度、言いますよ。「60点女子のあなたには、求婚者は現れます! ですから、本当に自分と価値観の合う人に出会うまで、焦って(もしくはじっくり見極めないで)結婚しないこと!」

適齢期なんて自分で決めればいいのです。**「私は私」……呪文のように唱えて切り抜けてください。**

結婚後の妊娠、出産のタイミングも「私は私」。人の真似をしても成功はしないことはお話ししました。人生の岐路に立ったとき、誰かと比べることなく、あなたはあなたのタイミングで選択をしてください。

周りの人のプレッシャーも「柳に風」で、聞いているフリだけして聞き流して、実は頑固に「自分スタイル」を守ってください。ココは大切なポイントです。周りに流されて、結婚、妊娠、出産して専業主婦になった場合、いろいろ後悔しても、そこから抜け出すには〝今、流されずに踏ん張る〟よりも、もっともっとエネルギーがいりますから。

「短所」と「長所」は裏表の関係。ネガティブカードをひっくり返してみよう

リクルート時代、「ダメダメ社員」だと思っていた私が、職場を去るときに「郁ちゃんがいてくれてよかった」という手紙をもらって涙した話。「自分は自分」とまだ悟っていない頃だったので、とても救われました。何の役にも立たないと思っていた自分なのに、「いてくれてよかった」と思ってくれる人がいる！　これは、大きな励ましであると同時に、大きな気づきでした。

このことを私の人生の長いスパンで見てみると、もっと面白い結果が見えます。

小さい頃から、「カメ」「春の海」と言われた私は、22歳の新入社員になっても、周りからは「どん臭い」「バカ正直」「トロい」と言われていました。ところが、今は何と言われるかというと、「真面目で誠実」「表裏がない」「偉そうにしていない」とありがたい評価

を受けています。

でも、私は私。そんなに昔と変わってはいないのです。評価が変わっただけなのです。「どん臭い」は「真面目で誠実」、「バカ正直」は「裏表がない」、「トロい」は「偉そうにしていない」と。結局、「短所」と「長所」は表裏になっているだけで同じこと。表にネガティブカードが出ていても、めくってみれば、裏のポジティブカードが出てきます。

自分が今、「短所」だと思っていることを並べて、表裏をひっくり返してみてください。どんな「短所」でも「長所」に置き換えられます。「短所」がいっぱいある人は、「長所」もいっぱいあるということです。

今は日々のことしか考えられないかもしれませんが、**人生は長い**です。今、ネガティブカードが出ている人も、何かのきっかけや、置かれた状況が変われば、**一気にポジティブカードにひっくり返るかも**しれません。少なくとも、私という「60点女子」はそうでした。だから、あなたが変わる必要はないのです。肩の力を抜いて、ひっくり返る「時」を待てばよいのです。

「柳に風」。柳のように、力を抜いて風に身を任せてみてはどうでしょうか？　今度の風が、あなたのカードをひっくり返してくれるかもしれません。

期待されず、反感も持たれず、飄々としなやかに生きていく！

平凡を絵に描いたような「60点女子」ですが、〝その他大勢〟に隠れていられる気楽さはあります。期待もされてないので、大きな仕事を任されて、プレッシャーに押しつぶされることもありません。デキる社員が、大きなプレッシャーに負けてうつになることはあっても、「60点女子」が仕事のプレッシャーでうつになったとは聞いたことがありません。ライバルに足を引っ張られる心配もありません。「なんで、あの子ばかり褒められるの」と嫉妬や反感を持たれることもありません。仕事で人よりも頑張ろうとしなければ、案外、「居心地のいい」ポジションではあります。

倒れない、ポキンと折れてしまわないということは、長い人生を航海していく上で、素晴らしい処世術です。強風が吹いてきても、壁が立ちふさがっても、そこに面と向かってぶつかっていかず、**飄々《ひょうひょう》としなやかに〝かわす〟**。そんな対処法を生まれながらに身につけている「60点女子」は、人生を無事に生き抜いていくことにおいては、実は「満点」に近いのではないかと思っています。

おそらく、あなたは「スゴイ人だ！」と人から思われることに価値を置いてないように思います。でも、人と比べてしまうことはまだまだありますよね？　あなたが、「自分スタイル」を見つけてしまえば無敵なのですが……。そこがこれからの課題かもしれません。

ただ、私は人の上に立ちたいとも思わないし、飄々とかわすことができる「60点女子」でしたが、たまたま入社してしまったのがリクルートのように、全員に何かしらのノルマがかかるような会社だったので……。大変でした。周りが全員、ピョンピョン跳ねているウサギばかりのような会社に「60点女子」が紛れ込んでしまうと、「柳に風」なんて言ってられません。逃げも隠れもできず、「60点女子」なりの〝自分の生かし方〟が見つかる日まで、苦しい日々が続きました。

もし、今、昔の私と同じように、「柳に風」が通じない職場で働いている「60点女子」がいたら、そんな人こそ、私の歩んできた道が参考になると思います。

第3章

仕事は60点でも、マイナス40点は「ビジネス母性」で埋められる

職場で愛される「ビジネス母性」を持つ「60点女子」

仕事ぶりを採点すれば、「60点」はもらえる「60点女子」。「トップ営業ウーマン」「他社も一目置く凄腕ＯＬ」というわけではなく、地味なサポートポジションにいることが多いので、残念ながら満点はもらえないのですが、実際には満点に近い働きをしています。

ひょっとしたら、上司も同僚もあなたのどこがスゴイかを意識していないかもしれません。意識していないけど、あなたに助けられていることは多く、あなたに対して絶大なる「安心感」を持っています。このように、**「会社のなかで周りと調和して生きていくための感性や資質」**を、私は**「ビジネス母性」**と名付けました。

「ビジネス母性」がただの「母性」と何が違うかというと、「母性」は文字通り、女性特有の〝子どもを産み育てる〟ための母親らしい資質ですが、「ビジネス母性」は親子間や家庭ではなく、おもに会社などの職場で発揮される〝気遣いや包容力や調整能力〟です。

あなたの周りにもいませんか？　年齢に関係なく、〝その人にならどんな仕事も安心して任せられる〟〝その人がいるだけで場がなごむ〟〝自分が弱っているとき、ついその人に愚痴や弱音を吐いてしまう〟ような人。なぜか、その人だけが、母親のように上司を叱っている光景を見て「どうして……？」と不思議に思うような人。

そんな女性が持っているのが、「ビジネス母性」です。

「60点女子」は、責められたり叱られたりしている場面もありますが、実は周りの人から頼りにされ、愛されています。そして、いつの間にか、職場にいなくては困るような大切な存在になっています。

たとえ、仕事は「60点」でも、マイナスの「40点」はあなたの特性である「ビジネス母性」で埋められます。その「ビジネス母性」を加味してトータルすれば、あなたは職場で「満点」に近い存在になっているはずです。それを自他ともに気がついていないのが面白いところです。

あなたは「60点女子」かもしれないけど、この「ビジネス母性」があれば、満点に近い幸せな人生を送れるのではないかと私は思っています。

だから、『「60点女子」最強論』なのです。

この章では、あなたも自分で気がついていないかもしれない「ビジネス母性」のいろいろを解説します。「ああ、そうだったのか！」と自分の魅力に気づいてもらえたら幸いです。

「傾聴女子」には、気持ちよく話せる

「ビジネス母性」のなかで、**「傾聴力」**は大きな要素です。そもそも「傾聴」とは、「熱心に聴くこと」。でも、ただ熱心に聴くだけなら、警察の事情聴取も「傾聴」になってしまいます。

「傾聴」はもともとカウンセリングにおけるコミュニケーション技能の一つであるほどで、熱心に聴くだけでなく、その人のしぐさや表情にも目を配って、言葉の裏側にある感情まで受け止めてあげることです。そして、聴いてあげることによって、相手の人が自分の心の整理ができ、次の行動に向かえるようにしてあげる。そこまでやって「傾聴」なのです。「60点女子」には、そこまでできる「傾聴力」があると思います。そんな女子を「傾聴女子」と呼ぶことにします。

「60点女子」がなぜ傾聴できるかというと、もともと「話がうまくない」と思い込んでいるので、「聞き役」に回ってしまう習性があることにも起因します。それに加えて、いつも相手の気分を害さないように（これは、争いが苦手なことにも関係あります）、多少面白くない話でもニコニコしながら聴いてあげることができます。そして、相槌や合いの

手がうまいのです。

「すご～い。本当ですか？」

「それからどうなったんですか？」

目をキラキラさせながら聴いてもらえると、話しているほうも気持ちよくなってきます。

「ん？　俺の話って面白いのかな？　……じゃあ、あの話もしちゃおうかな」

「傾聴女子」の前では、つい饒舌になってしまいます。自分の話を相手が一生懸命に聴いてくれる。これだけでちょっと幸せな気分になれます。

「さ～て、こんなところでくだらない話をして油売ってないで、仕事、仕事！」

さんざんどうでもいい話をしておいて、その上司はスッキリした顔で立ち去っていきます。**「傾聴女子」の癒し効果**なのですけどね。上司は気づいてないかもしれません。

前に述べましたが、昔、私がリクルート時代に初受注したとき、不動産会社の社長の話し相手になっていました。新しいショールームで女性を採用する提案をしたときですが、若く頼りなかっただろう私にいろいろな話をしてくれました。最後に社長が「広野さんと話していると、なんだか自分の考えがまとまってくるよ」と言ってくださいました。

そういえば、私は自分の理解を確認するためもあって、「それって、〇〇〇〇ということですよね？」と言い換えて、聞き返したりもしていました。「そうそう、そういうことだ」と社長。今思えば、私がしていたのは「傾聴」だったかもしれません。熱心に聴いてあげるだけでなく、「社長は今、自分の考えを後押ししてほしいのではないかな?」「ああ、愚痴を聴いてほしいのかな」などと社長の気持ちを推し量りながら聴いていました。それが、「傾聴」だったのでしょうね。

私はその後も、人の話を聴くときは、直接話には出てこない〝その人の背景や理由〟も推し量っています。誰かが興奮気味に怒っていても、私が冷静に聴いているので、周りの社員が不思議に思うようです。「どうして広野さんって、そんなにフラットに人の話が聴けるんですか?　いつもニュートラルだし……」と。それは、子育ての経験も役立っています。泣きわめいている子、お友達を叩いてしまった子に対して、頭ごなしに叱らずに、その理由や背景を推し量ることも大切だと学びました。

怒りや愚痴を聴いてあげて、スッキリしてもらう。自信なく迷っているときに、「それ、いいですね!」と言ってあげる。自慢話をしたそうな人には、聴いてあげて気持ちよくなってもらう。

「傾聴」には「母性」が必要です。「60点女子」＝「傾聴女子」なのです。

偉い人ほど、60点女子の前で弱音を吐く

こんなこともありました。三菱電機時代のある日、みんなから怖がられている役職の方に、「広野さ～ん。ちょっと～」と呼ばれました。そのとき、周りの人たちは「広野さん、何を叱られるんだろう」と心配してくれたそうです。ところが、その上司は、「あのさぁ。ちょっと悩んでいることがあるんだけど……」と、私に相談してきたのです。確か、完成したある家電商品のセールス方法について、社内の意見が2つに分かれたというようなことでした。2種類の資料を私に見せて、「どっちがいいと思う？」と。何でも迷うことなく一人でバンバン決めているのだろうと思っていた人が、「どうしたらいいんだろう」と迷っているのです。「いろいろ複雑な社内事情があってね。あっちを立てると、こっちが立たない。キミならどっちを選ぶ？」

（みんなに怖がられているような人なのに、一人で決められないんだ。そうか……。上に立つ人は弱みを見せられないんだ）と思いました。私の意見を聞いて最終判断を下したかどうかはわかりませんが、ちょっとだけ「迷っている」と弱音を吐きたかったのでしょう。そして、その相手は、何の虚勢も張らなくてもいい私のような「60点女子」だったの

でしょう。

その後も何度かそんなことがありました。**偉い人ほど、「60点女子」の前で弱音を吐く**のです。そんなときに、「○○さんの判断はいつも的確です。大丈夫ですよ」「この前も若い人たちの意見を採用して、成功したじゃないですか」と**背中を押してあげる**と、お母さんに褒められた子どものような安心した顔になるときがあります。

「60点女子」は男性やバリキャリのように出世がかかっていませんし、派閥や勢力争いとは無縁のところにいます。だから、言動に〝損得勘定〟はなく、正直であることは上司もわかっています。その安心感もあって、「60点女子」の前では誰もが警戒心を解いてしまいます。誰も戦闘モードにならない**「鎧を脱がせる力」**が「60点女子」にはあるのです。

「包容力」もあります。そうはいっても、若いときにはさすがに〝お偉いさん〟を包み込むほどの「母性」はありません。それが年を重ね、自分も経験を積み、いろいろな場面を見てくると、昔許せなかったことも許せる……というか、「包容」することができるようになります。

若い頃、お付き合いで飲み会があったとき、当時は雲の上のような存在だった取引先の社長が、飲み屋の女性の膝の上で寝ていました。当時は「キャー不潔」と思ってしまった私ですけど、ある程度の年齢になってからは、「社長も会社では虚勢を張っていても、たまにはそういうところで息抜きをしたいよね」と思えるようになりました。「そりゃ、そういう気分になるときもありますよね」と思ってあげると、その人に対する見方も変わります。みんなが煙たがっている人や嫌われている人にも、「いいところがあるかもしれない」と思えるようになります。

ヘビースモーカーの〝お偉いさん〟に、「もうっ、そんなにタバコ吸ったらダメですよ！」と叱ったら、「……そんなふうに言ってくれる人、いなかった」と逆に感謝されたこともあります。偉い人は本当は叱ってほしいのかもしれません。実際に叱れなくても、「叱ってほしいのかもしれないな」と思うだけで、怖そうに威張っているような人に対する見方が変わります。中身はすごく優しかったり、繊細だったり、不安を抱えていたり……。

会社を立ち上げてから、多くの昔の知人に再会するのですが、そのときに「広野さんのこと、覚えている」という〝お偉いさん〟のなかに、「広野さんに叱られたから覚えている」「自分のことを褒めてくれたから覚えている」「愚痴を聴いてくれたよね」という人がいます。

今思い返せば、無意識でしたが、私のなかの「ビジネス母性」が〝発動〟したのかもしれません。

今若い「60点女子」は、将来そうなれる素質が十分にあります。

どちらの顔も立てる〝仲裁上手〟

「60点女子」は、**〝仲裁〟も得意**です。もともと争いが嫌いなので、相手の顔を立て、ときには妥協することも厭いません。周囲の人間関係のなかで派閥や対立があっても、どこにも属さないように、うまくかわす術を生まれながらに身につけているようなところがあります。〝護身術〟ともいえます。ですから、「あの人は○○派だよね」と言われることもなく、あなたは社内でも〝緩衝地帯〟のようになっていることでしょう。

よく遭遇するのが、プライドや面子を重んじる男性社員同士の言い争いです。

以前、会社の幹部同士の争いの場にいたことがあります。あるプロジェクトを推進しているときでしたが、「営業部のトップ×技術部のトップ」という争いになりました。

「自分たちの事業を立ち上げるにあたり、これまでやってきた過去をちゃんと調べなくてはいけないと思うから、〝過去年表〟を作ることが大切だ」

「いやいやこれから大切なのは未来だから、〝未来予測〟が大切だ。年表を作るなんて意味がない！」

意見は平行線でした。そこへ私が割って入りました。

「Aさん、過去年表を作る目的はなんでしょうね？　歴史の教科書を作りたいわけじゃないですよね？」

「もちろん」

「これから起こることは歴史から学ぶ。目的は過去を知ることではなくて、過去を知って未来を知ることですよね？」

「そういうことだ」

「では、Bさん、未来を予測したい目的はなんでしょうね？」

「それは、未来に起こる社会環境を考えて、この事業の未来を知りたいんだ」

「ほら、お二人は同じことを考えていますよね」

「……」

「……」

2人とも「60点女子」の私に気を許していたのかもしれません。私が女性で戦闘モードでもなく、**中立的な立場**だったので、冷静に聴いてくれたのかもしれません。

「アイ・キューブ」を立ち上げてからも、こんなことがありました。ある会合に招かれ、依頼されてうちの事業内容を話したとき、出席者の一人が「それはマーケティングじゃない！」と言ってきました。そして、延々と「マーケティングとはこういうことだ」と熱弁されました。イヤな雰囲気になったとき、私は「確かにそうかもしれませんね。ご指摘ありがとうございます」と受けて、その場は収まりました。あとで、他の出席者が「感動しました。広野さんのファンになりました。その場でその人を責めたり、反撃したりしないで丸く収めるなんて！」と言ってくれました。この出席者のうちの2人が、なんと今ではうちの会社を広く宣伝してくださっています。

そのとき私が思ったのは、「なるほど……この社長は自分の知識をひけらかしたいだけかもしれない」ということ。言われた言葉だけを鵜呑みにして憤慨すると、収められる場も収まらなくなります。「この人、本当は何を伝えたいのだろう……？」と考えるようにすることで、〝どちらの顔も立てる〟ということは可能になります。「60点女子」の「仲裁力」は、ちょっとした心がけでますます伸びていくと思います。そして、年を重ねるにつれて、**「母性＋仲裁力」**で、兄弟喧嘩をなだめるような愛のある仲裁ができるようになります。

地味な仕事を黙々とやる子は手離せない

「60点女子」の不満のなかに、「自分の仕事は地味で目立たない」という声もあります。でも、どんな会社も、派手に目立つ仕事ばかりでは成り立ちません。営業マンの下で営業補佐をしたり、伝票を切ったり、入力作業をしたり、地味な仕事をしてくれる人がいなくては、会社は動いていきません。ですから、そういう地道にコツコツやる仕事を「コンスタントに及第点レベルでこなしてくれる人」は、どの会社でも必要です。それを担ってくれているのが、「60点女子」です。

スタンドプレーをしようとは思わず、〝自分の手柄〟も誇示せず、他人のミスもそっとカバーしながら地味な仕事を黙々とこなす。これは、「満点女子」には逆に難しいことかもしれません。彼女たちは陽の当たらない場所で地味な仕事を続けたら、しおれてしまうかもしれません。その前に、地味な仕事を引き受けないかもしれませんね。「こんなこと、私たちにやらせないで、アルバイトか派遣の人にやらせてください」と主張するでしょう。上司にとって「満点女子」は、仕事はできるかもしれませんが、本当にやっておいてほしいような面倒くさい仕事を軽く頼めない〝厄介な存在〟かもしれません。

それに比べ、「コレやっておいてくれる?」で、地味な仕事もそつなくやっておいてくれる「60点女子」はなんとありがたい存在か! **頼まれれば、どんな仕事でも素直に引き受け、確実にこなす。**これは「ビジネス母性」といえます。会社は、いつの間にか「60点女子」を手離せなくなるのです。

これからも長く会社で働こうと思っているなら、「キミがいてくれないと会社が回っていかないよ」と言われる存在を目指しましょう。

また、派手で目立つ仕事は傍から見ていると華やかですが、当の本人たちの肉体的・精神的疲労はいかばかりか想像してみてください。「細く長く」か「太く短く」か、どちらがいいかはその人次第ですが、**「60点女子」は「細く長く」に向いている**のは確かです。

若いときには何十年先まで想像できないかもしれませんが、この道は20年も、30年も続いていきます。自分の力を温存できる仕事に就いているのはありがたいことかもしれません。

満点女子ではないから、相手の弱さも共感できる

「母性」というのは、相手よりも大きな存在でないと「包容」し、安心させることができないかというと、そうでもありません。

「私はダメダメだ……」と落ち込むような経験をたくさん持っている人は、相手が落ち込んでいるときにも、自分のことのように「共感」できます。弱みをたくさん持っている人は、たくさんの弱みを理解できます。

その点、「60点女子」は、「満点女子」に比べて、マイナス40点分の足りない「弱み」があります。

「個性がない」「自信がない」は小さいときから抱えていた弱み。社会人になってからは、「活躍するような仕事は与えられない」「なぜか私だけ責められる」「営業トークが苦手」というお仕事関係から、「なぜか私だけ合コンに誘われなかった」「同じ女子なのに、私はチヤホヤされない」「おとなしすぎて、好きな人に告白できないうちに、他の女子に持っていかれた」という女子力関係まで……。たくさんの落ち込みを経験しているので、同じようなことで落ち込んでいる人の気持ちがよ〜くわかります。

人は自分が落ち込んでいるとき、その気持ちを「わかるよ」と言ってくれる人がいると救われます。どんなに優しい「満点女子」が言葉巧みに慰めてくれても、「この人、そういう経験ないくせに……」とどこかで思ってしまいます。

私は、就活のときに、面接で多くの会社に落ちました。それは決していい思い出ではありませんが、今、就活がうまくいかなくて自信喪失になっている学生の気持ちはとても共感できます。専業主婦が「働きに出たい」と悶々としている気持ちも、私もそうだったので共感できます。

「共感」も、職場で発揮できれば「ビジネス母性」です。

「ゆるキャラ」の愛嬌が、会社を明るくする

実は、私が「この人、すごいなぁ」と思う女性社員がいます。私の秘書をしてくれている人です。彼女は短大卒の36歳。前の会社で漢字が読めなかったりするときもあって、「その旨、よろしくお伝えください」を、ずっと「そのウマ、よろしくお伝えください」と言っていたようで、他社の方にとうとう「あのう、前から言おうと思っていたんですけど、それ、〝そのウマ〟じゃなくて〝そのムネ〟……ですよね」と言われたほどです。それをきっかけに、その指摘をしてくれた人とすごく仲良くなって、何でも教えてもらえるようになったというのです。そのフワフワっとしたキャラは、たいていの人の戦闘モードを崩してしまうのです。

うちの会社に来てからも、彼女はお客様から「会社の場所がわからない」と言われ、「今、

迎えに行きます」と飛び出して行きました。そして、相手の顔もわからないのに、通りの向こうを歩いている中年男性すべてに、「○○さ～ん！」と叫んでいました。最後には○○さんを見つけましたが、私にはできません。「間違った人に声かけてしまったらどうするの？」と聞くと、「そんなの、謝っちゃえばいいじゃないですか」と気にもしていません。よく言っているのが「だって私、そんなに賢くないも～ん」。自分を誰かと比べたりもしない、開き直りはアッパレです。

彼女のような元気で明るい人がいると、会社の空気がガラッと変わります。「私、仕事できます！」と厳しい顔をしてばかりでは、社内はピリピリしてしまいます。少し抜けたところがあっても、ご愛嬌。「60点女子」にもいろいろなタイプの人がいますが、まるで「ゆるキャラ」のような「60点女子」がいると、社内が和みます。

これも、「ビジネス母性」に入れていいと思います。

「損得勘定」なしで手を差し伸べる

社長になってからも、私は「損得勘定」が苦手です。どうやら、行動の基準が「損得」ではないようです。会社を経営している以上、損失を出すことには抵抗がありますが、利益を最優先しているわけでもありません。ある会社の商品開発などを相談されたら、「その会社のためになる」ということが大切で、利益や効率を優先することはできません。

遡れば、例のリクルート時代の初受注ですね。相手の会社のことを考えると、自分の営業商品でないものを売ってしまったというエピソード。あの頃から、私の本質はあまり変わっていません。

職場で働く「60点女子」の場合、その「損得勘定なし」はどんな場面に表れるでしょうか?

例えば、締め切りまでに仕事が終わらなくて、パニック状態になっている人がいたら、「それを手伝うと自分の仕事が遅れてしまう」という不利益があっても、気がついたら「手伝いましょうか」と手を差し伸べていませんか?　行動の基準が「損得」ではないのです。

職場で困っている人を見かけたのに、見捨てて立ち去るようなことはできないのが「60点女子」の「ビジネス母性」でしょうか。母親が子どもに無償の愛を注ぐ「母性」に近いような気がします。

「どん臭いやり方」も、人がやらないから〝立派な道〟になる

「60点女子」に〝どん臭い〟ところがあるのは、わかっていただいていますよね。何事においても、要領よく器用にできません。

もちろん、私も「60点女子」だったので、「どん臭いやり方」で仕事をしてきました。新入社員のときに、不動産会社への営業ができなくて、駅の看板の不動産会社のリストを手で書き写してきたことなど、まさにいい例です。結局、それは上司に「よくやった！」と褒められることになったのですが、それも、「そんな面倒くさいことは誰もやらなかった」から価値があったのでした。

神戸の消費者センターに勤務していた1995年、阪神・淡路大震災が発生しました。そのときに、避難状況を知らせるFAXネットという情報ペーパーを作ることになりました。「○○銀行が被災者向けのローンを始めました」という情報が次々に出てきて、新聞にも掲載されました。ところが、各種の情報が次々に出ても、被災者が「どのローンを選ぼうか」と比較したくても、バラバラの情報を比較するのは大変なことでした。私はそれを表にしてあげたのですが、それが絶賛されました。来場されたあるお偉方に、「これを

作ったのは誰だ？　素晴らしい！」と褒められました。情報がバラバラで見にくいから、整理して表にしただけです。

（こんなことを地位のある方が褒めるなんて……。ということは、こんなことを誰もやらなかったんだ。カメにもできるチャンスがころがっていて、意外にもそれが求められているんだ！）

そのときも、あらためて**「人がやらないようなどん臭いやり方に、ビジネスチャンスがあるのだ」と確信しました**。

私は、今も社員に**「自分の手を動かせ」**と言っています。何でもネットでラクに調べられる時代ですが、あえて面倒くさいことをしてみると、「要領のいいウサギ人間だったらなくてもいいかもしれないけど、要領の悪いカメ人間だから欲しいと思うサービスや商品」に気がつきます。**「要領が悪いから不便に気がつく」**。これは「60点女子」のビジネスチャンスです。

時代は「ノームコア」を求めている

考えてみれば、60点とは「普通」ということです。「普通じゃダメよね……」と思われるかもしれませんが、**「普通」も極めればそれは〝才能〟となります。**

例えば、ファッションの世界で流行っている「ノームコア」。〝ノーム〟は〝normal〟の略で、〝コア〟と合わせて、「究極の普通」を意味しています。ノームコアのファッションの典型はあのスティーブ・ジョブズです。彼は「服を選ぶ時間がもったいない」と言って、同じ黒いセーターやズボンを何着も持って着回していました。あえて、能動的に「普通」を選んでいるわけです。

「60点女子」も、目立つ個性などなくても、求められている仕事が問題なくこなせるのであれば、**その安定性や正確さは〝財産〟です。**会社に普通の人より、個性の強い人のほうが多かったらどうなると思いますか？　思いつきを次々口に出し、アイデアは出すけど、実務や作業はしない人であふれかえった会社は収拾がつきません。ことわざに、「船頭多くして船山に登る」とあるように、指図する人ばかりが増えると、物事が進まないのです。だから、ちゃんと言われた通りに船を漕げる人は大切な存在。

ときには邪魔になるような個性など持たない「ノームコア」を時代は求めているのです。そういう意味でも、「60点女子」は「普通」であることに、もっと自信を持ってもいいのです。

「ビジネス母性」の安心感こそ、幸せの鍵

仕事は60点でも、マイナス40点は「ビジネス母性」で埋められるという意味がわかっていただけましたか?

会社の仕事は60点でもいいのです。それを補って余りある「ビジネス母性」が40点あれば、あなたはその会社でかけがえのない存在になれます。

「ビジネス母性」は、決して女性だけが持っている特別な能力ではありません。男性社員でも「ビジネス母性」を持って仕事をしている人はたくさんいます。会社のなかで周りと調和して生きていくための感性さえあれば、人間関係が原因で会社を辞めることもまずありません。

職場でみんなに愛され、自分も充実感を感じることができれば、会社ライフは楽しくなります。長い人生をトータルすると、この「ビジネス母性」を持っている「60点女子」は、「満点」に近い人生を歩めるのではないかとも思います。

もし、今あなたが「60点女子」ではあるものの、「ビジネス母性」があまりないと思い当たるのでしたら、ぜひ、この**「ビジネス母性」を磨いてください。**毎日上司から叱られ、

お客様に迷惑をかけている「60点女子」でも、**「ビジネス母性」を手に入れることによって、仕事が変わり、人間関係が変わって、人生もきっと変わります！**

第4章

「専業主婦」は「60点女子」だから経験できる

人生設計の詰めも甘い「60点女子」

リクルート時代に、〝駅で不動産会社一覧を書き写した〟という地味な（だからこそ、私らしい）ことを上司に褒められ、それがきっかけになって、自分らしい仕事ができるようになった私。それ以降、仕事は順風満帆。「男女雇用機会均等法」施行の時代の波に乗って、これから、ますますリクルートで活躍するはずでした。

ところが、1年半ほどたった頃、大きな事件が起きました。例の工事現場での初受注の1カ月後に結婚した私ですが、なんと妊娠がわかったのです。実は青天の霹靂。妊娠とは露ほども思わず、病院に行った私は妊娠を告げられて、本当にびっくりしました。上司からも「なんでもっと計画的に考えないんや！」と言われてしまう始末。

この頃のリクルートには、産前産後休暇はあっても、今のように育児休暇はまだなかったのです。おまけに私には子どもを見てくれる人もいませんでした。母は働いていたので、頼れませんでした。必然的に仕事を辞めることになりました。

24歳で結婚後、しばらく働いて、26歳で妊娠して退職。当時では普通です。このいたって普通なところが、「60点女子」です。「満点女子」なら、私のように「予期せぬ妊娠」なんてしないで、自分のライフプランを考えて出産するのでしょう。もちろん、出産後にも自分のキャリアを生かすように、〝ただの専業主婦〟に戻らなくてもすむように、ちゃんと考えて休職するはずです。子どもの預け先も、目途をつけて出産すると思います。

ところが、すべてギリギリ合格点の「60点女子」は、適齢期に結婚して、妊娠するまではギリギリ合格なのですが、その後の人生設計の詰めが甘い！

ちょうどこの頃、自分が苦労して開拓したお客様を後輩に引き継ぐように言われていて、どうしても納得できず、上司に反論していました。上司の言い分は「いつまでも同じところにとどまっていたらダメだよ。自分で開拓して育てたお客様のところで安住していたら進歩がない。次のステージに行かないとだめだよ」と。

その頃の私は、その上司の言っている深い意味が理解できず、ひたすら抵抗していたのですが、妊娠、出産という外部要因で、「今の自分が手にしたもの」を手放さなければならなくなりました。どこかに「私が苦労してここまで育てたお客様なのに、そのまま引き継いだ後輩は楽じゃないか」という気持ちはありました。しかし、もうそんなことは言っていられません。泣く泣く自分が手塩にかけたお客様を後輩に引き継いでいきました。

ずーっとあとになって、このときの後輩は、今の会社の発展にとても貢献してくれることになるのですが、彼女は「実は、広野さんより若い私が担当になるのだから、お客様も喜んでくれるだろうと思っていた」と当時の気持ちを正直に話してくれました。

「でも、全然そんなことはなかったんです。広野さんが築いてこられたお客様との信頼関係を知って、自分がいかに努力しなければならないかを思い知りました」と。そして、私のことを目標にし、ついには超えていったわけですが、このときの後輩とは、今も強い絆で結ばれています。

仕事の面でも、結婚、妊娠、出産のために、軌道に乗ってきたのに中断しなくてはいけないことはあり得ることです。**一生懸命に築き上げてきた実績や信頼を、手放さなくてはいけないこともあるでしょう。**そのときは、すべてがゼロになってしまうような絶望感、喪失感を味わうかもしれません。でも、これも今だから確信できるのですが、**「やってきたことが無駄になるということは絶対にない」**のです。何かを手放して「失う」と、人は何か別のものを「得る」ようになっているのだと、今なら、わかります。

でも、当時の私は、キャリアを失った絶望感でいっぱいでした。

ママ友との交流で、損得抜きの〝人脈〟を得た

やってきた「専業主婦」時代。子育ては孤独でした。「忙しいけど退屈」と、当時の私

は実感していました。それはそうです。退職する頃には、ウサギの集団のなかで、私もカメなりに〝目まぐるしく動き回るカメ〟になっていましたから。

26歳で長女を出産した私でしたが、子どもを預けて仕事をすることは考えてはいませんでした。計画外の妊娠ではありましたが、私が幼い頃、母が働いていて一緒に過ごせなかった寂しさを経験しているので、「子どもが小さいうちは自分で育てる」という思いがあったからです。とはいえ、もちろん自分の子どもはかわいいけれど、いかんせん、初体験のことばかり。戸惑うことばかりでした。

この頃、流行った言葉に「公園デビュー」がありましたが、外で遊べるようになった子どもを公園で遊ばせるために、母子そろって、既存のコミュニティに〝デビュー〟しなくてはなりません。もともと人の輪に入っていっておしゃべりをするのが苦手だった私ですから、公園のママ友の輪に入っていくのも、苦労しました。でも、娘に遊ぶ友達は必要だったし、自分にもママ友は必要だったので、意を決して、「公園デビュー」しました。

あるとき、同じマンションの3階上に住む人とお友達になりました。子どもの年齢も同じ。お互いの家を行ったり来たりして、ほぼ毎日を一緒に過ごしました。そして、他にも同じマンション群内で多数のママ友ができ、一緒に子ども服を買いに行ったり、バザーを開催したり、悩みを言い合ったりしました。子育て中のお付き合いは、今も昔もそんなに変わっていません。

ただ、特殊だったのは、子どもが4歳のとき、阪神・淡路大震災が起きました。このときに本当に心強かったのがママ友ネットワークでした。3階上のママ友さんの家で、お互いの家族同士でなかば合宿のように過ごした日々。たくさんの思い出がありますが、実は、このときのママ友ネットワークがあったからこそ、私の今の会社があるのです。

私の会社「アイ・キューブ」は、消費者の声を聞いて、ヒット商品を創るお手伝いをしているのですが、消費の主役である女性の声を聞くことが一番大切です。会社では「実感モニター」（現在は「アイブレインズ」と改名）という主婦モニターを核に商品企画支援を行ってきました。うちの会社のモニターは、「質の高いモニター」としてクライアントからの評価も高いのですが、実はこの「実感モニター」として活躍し、さらに他のモニターさんたちを紹介してくれたのが、この子育て時代のママ友たちでした。もともと、ビジネスや商売でつながったわけではなく、**苦楽を共にしたママたちなので、本当に損得抜きで一生懸命、貢献してくれたのです。**

クライアントの要望条件に合うモニターさんを関東で集めなければならなかったとき、旦那様の転勤で関東に引っ越していたママ友の一人が「広野さんのためなら、何でもやるよ」と驚くべきスピードで条件に合う人たちを集めてくれたのです。

他にも、PTA会長をやっていたママ友が、仕事関係の会社に依頼していたら到底不可能なスピードで、「消費者レポート」を集めてくれたこともありました。男性社員が「ママ友ネットワークのすごさを思い知った」と感嘆していましたが、**長年の信頼関係の上に成り立っている損得抜きの人脈ほど、貴重な財産はない**と実感しました。

専業主婦の経験が、〝普通〟の消費者感覚を養った

「仕事のキャリアを中断された」と思って迎えた専業主婦時代でしたが、子育てを一生懸命やっている、という同じ境遇のなかで、こうして知らず知らずに強力な人脈ができていました。この人脈があったからこそ、今の会社を立ち上げることができました。

今にして思えば、どっぷり主婦業と子育てをしていたことで、家事や子育てのことは一通り経験しました。今の会社で必要な「消費者目線」「主婦感覚」「家事効率」は自然に身につきました。もし、私が「満点女子」だったら、そのままバリキャリになって専業主婦にはならなかったと思います。仕事の忙しさのなかで、家事や子育てを他人任せにしたり、時短ばかりを重視していたら、今の仕事に必要な〝普通の感覚〟はきっと身につかなかったでしょう。

出産退職はしてしまいましたが、「60点女子」だからこそ、流れに身を任せるように経験できた「専業主婦」。今となっては、私の財産になっています。

のちに、私は三菱電機で嘱託社員として働き、冷蔵庫のマーケティング担当になりました。ヒット商品となった「切れちゃう冷凍」の開発に関わるわけですが、専業主婦時代の経験や実際に料理をしていたリアルな思いがあったからこそ、開発者に重宝していただけたと思います。

人生に無駄なし、といいますが、**そのときは本当に「無駄」だと思えていた時間も、長い目で見ると決して無駄ではない**のです。むしろ、「まったく異なるところにそびえる別の山」（私の場合は、専業主婦という山でした）に登ってみることで、人とは違う発想が生まれ、それが自分の持ち味につながっていくのかもしれません。

一つの山では、どんなに速く、どんなに高く登っても、見えるのは同じ風景。違う山に登ってみれば、どんなに遅い歩みでもまた別の風景が見えてきます。

「専業主婦時代も無駄にはならない」と言っても、ちょうど、外に働きに出られず子育て真っ只中の人には、〝慰め〟のように聞こえるかもしれません。もし、あなたが「子育て中の専業主婦状態から何とか抜け出したい」と思っている「既婚60点女子」であるなら、この先を読み進めてください。私の歩んできた道を知れば、この専業主婦時代がなかったら、今の会社もなかったかもしれないとわかっていただけると思います。

「何かしたい！」初めの一歩は、資格試験

専業主婦時代の経験が今の仕事に役立ったのは確かですが、それはしばらくしてから実感したこと。その当時は「自由を奪われた囚人」に近いぐらいの脱出欲望を持っていました。

大部分の「60点女子」がこの時期に〝あがき〟ます。

26歳で出産した私は、3年間、専業主婦として家庭に籠っていました。娘の子育てにどっぷり浸かっていた頃、私は「忙しいけど退屈な生活」に辟易していました。

今でも思い出すのは、こんなシーンです。

車のなかで、運転席に夫、後部座席に幼い娘、私は助手席にいました。運転席の夫が言いました。

「おまえ、なんでそんな怖い顔してんねん！」

そう言われて、ハッとしました。夫に言わせれば、「いつも怖い顔している」とのことでしたが、自分ではそんな自覚はありません。だけど、心のなかでは「男である夫は子ど

もができても、自分のキャリアを中断されることなく、今まで通りの道を歩んでいる。でも、女の私はキャリアを中断して孤独に子育てをしなければならない。夫ばっかりいい思いをしている」という恨み、つらみ、妬みがドロドロと渦巻いていました。持っていき場のない〝負のエネルギー〟を持て余し、私は確かに悶々としていました。それが、無意識に顔に出ていたとは……。

「お金がない」「時間がない」「子どもを見てくれる親もいない」……。とにかく「ない、ない、ない……」と不満は募っていきました。そんな自分は、自分でもイヤでした。

今の時代は、子連れで出かける施設やイベントは多くなりましたが、当時はどこへも行けませんでした。昼間、子どもが起きている間、私は子どもだけを相手に社会と隔離された空間に閉じ込められました。

「ここから脱出したい！」

物理的に叶わないのなら、せめて精神的に〝脱出〟したかった。子育て以外に、自分自身が夢中になれることが欲しかったのです。

そんなある日、夫の会社が実施していた通信教育の案内を見つけました。資格試験のチャレンジ！　これなら、子どもが寝ている間にできます。

資格試験といっても、具体的に何の資格を取りたいという希望があったわけではありません。何かの資格を取ったとしても、取った先に何がある、という保証もありませんでした。産休中の人なら、職場復帰後に役立つ可能性もありますが、私には次のスタートに立てる約束もないのです。

でも、考えてみれば、「どんな資格に挑戦してもよい」というのは夢のような話です。専業主婦でなければ、勉強する時間もありません。働いている女性は、仕事先で必要な資格を取らされることはあっても、まったく異分野の資格試験にチャレンジするのは、時間的にも難しいと思います。何より、「絶対に受かって、このトンネルから脱出したい！」という、資格取得に対しての「どうしても感」が出ないでしょう。社会に出たい私にとっては、「資格」、それすらトンネルから抜け出す希望の光だったのです。

リクルート時代にちょうどバブルを経験して、大儲けをしている不動産会社と情報に踊らされて高いマンションを購入している消費者を見て、「情報格差」を感じました。「この格差を埋められたらいいな」と漠然と思っていたので、新聞広告で「消費生活アドバイザーは、企業と消費者の架け橋になる」と書いてあるのを見て、「これだ！」と。当時、28歳以上が受験資格だったので、私はギリギリ受験できる最年少。そんなところにも、運命を感じました。

そこで、夫に受講の申し込みを頼んでみました。夫も「没頭できるものがあれば、怖い顔もなくなるかもしれない」と思ったのか協力してくれました。

「モニターの謝礼で欲しい本を買う」という経験

夫の福利厚生なので、通信教育は夫の名前で申し込みました。テキストを買うお金ももったいないので、新聞を読んで、気になる記事を切り抜いて、ノートに貼って勉強。消費者行政、法律、衣食住……、多岐にわたる教科を勉強しなければなりませんでしたが、ちょうど初めての子育てにも役に立つ内容だったので、自力で学習を続けました。

忘れかけていた「何かを目指して努力する」日々に、私は充実感を覚えました。自分の勉強時間を確保するために必死で子どもを寝かしつけ、起きるまでの数時間が勝負でした。今振り返れば、「かわいい時期は短いのだから、子育てを楽しめばよかったじゃない」と思うのですが、当時は「自分の生きがい」が欲しかったのです。子どもと2人だけの生活は、息が詰まりそうでした。

その間に、主婦向け雑誌の『レタスクラブ』のモニターもしました。1年間、FAXを使ってモニターをしたら、終了後にそのFAX機器をもらえるという特典付き。「うわぁ、FAX機器がもらえるんだ！」と当時は嬉しかったです。レシピが採用されたこともあって、取材費をもらったことも。川柳の投稿で採用されて、図書券をゲットしたことも。「この図書券だけは、自分がゲットしたのだから、好きな本を買ってもいいんだ！」受験勉強に必要な本を買うことができました。

話はちょっとそれますが、当時、５００円でも１０００円でも、「自分で使えるお金を自分で稼いだ」というのは大きな喜びになりました。図書券だっていいんです。自分の時間と能力で、報酬を得たという喜びを経験した私は、のちにモニターを募ったときに、その喜びを主婦の方々に味わってもらいたいと思いました。それで、うちの座談会に参加したときの謝礼は、他社の同様の座談会の謝礼より少し高いのです。

専業主婦時代の「自分がモニターをした謝礼として得た図書券で、資格勉強の本を買う」というささやかな喜びの実体験は、私のその後の仕事に役立ちました。**出口の見えないトンネルにいるような専業主婦時代の経験も、すべて私の財産になっていた**と、今では思えます。

こうして、時間に制約があったからこそ、集中して勉強ができたのでしょう。私は、28歳という最年少で「消費生活アドバイザー」の資格試験に合格しました。

「グローバルアイズ」で大切な仲間と出会う

合格後、実際に消費者と対面する実務経験がないと、「消費生活アドバイザー」の資格はもらえないので、実務研修に参加しました。

実務研修では、同じように独学で資格を取った主婦仲間と出会いました。私は最年少なので、当然、みんな年上です。そこで、先輩ママに知り合えたこともも大きなプラスとなりました。

そして、そのときに知り合ったメンバーと、「グローバルアイズ」という「消費生活アドバイザー」の資格試験のための学校を設立することになりました。

資格試験は合格したときの知識量が頂点。「すぐに仕事があるわけじゃないから、受験勉強をして覚えた知識を忘れないで維持するためにも、来年受験する人たちに教えよう。自分たちの手弁当で学校を作ろう！」という発想でした。

6人の発足メンバーのうちの一人が、かつて、「グローバルアイズ」という名前で活動をしており、梅田の小学校に使用権を持っていたので、その名義を借してもらいました。

毎日新聞の記者に知り合いがいたメンバーには、グローバルアイズのことを記事にしても

るほど、「この仕事は私のためにある仕事！」とすら思えてきました。もう居ても立ってもいられなくなって、「自分のやりたい仕事を募集している機関がどんなところなのか、感じられるだけでもいい」という思いで、ダメ元で応募しました。

消費生活アドバイザーの資格があったからなのか、書類審査は無事に通過して面接の日が来ました。この面接の日すら、2歳の娘の預け先はありませんでした。でも、仲良くしてくれていたママ友が言ってくれました。

「広野さん、私が見ていてあげるから、せっかくのチャンスだし、行っておいで」

もう、神様の言葉に思えました。彼女に申し訳ない気持ちと、娘が遊んでいる間にこっそりと抜け出す後ろめたさでいっぱいのなか、面接に出向きました。

「娘さんは2歳ですが、保育園など預け先は決まっていますか？」

案の定、聞かれました。すると、自分でもビックリするようなことを言っていました。

「預け先はありません。なので、今回は無理です。でも、どうしてもこの仕事がしたくて、今日は、顔と名前を覚えていただくためだけに来ました」

当然、不採用通知が来ました。でも、普段は積極的な行動に出ない私が、こんなふうに周りの人の協力も得ながら、面接を受けるという体験をしたことで満足はしていました。

ところが、なんと娘が明日3歳になるという日の前日、1993年2月1日、一本の電話がかかってきたのです。電話の向こうは、神戸生活科学センターの所長でした。

「以前、うちの機関で働きたいとおっしゃっておられましたよね。実は、採用したお一人が旦那様の転勤で辞めなければならなくなって、一人分の空きができました。もし、働きたい気持ちに変わりがなければ、働きませんか？」

「はい、変わっていません！」

私は嬉しくて、天に舞い上がりそうでした。この瞬間が来ることをなんとなく予想していた自分もいました。

でも、預け先がない状況は変わっていません。

「気持ちは変わっていませんが、娘の預け先がないのも変わっていません。今から預け先を探すので少しお時間いただけませんでしょうか」

私は自分でも信じられないぐらい厚かましいお願いをしました。とにかく必死でした。

そこから無認可も視野に入れて、保育園探しが始まりました。「2月に保育園を探すなんて、遅すぎます。みんな前の年の4月から探すのですよ」と言われたり、やっと見つけた入所可能な保育園はお給料より高い保育料だったりしました。「ああ、もうこうなったら、高い保育料を払ってでも働きたい！」と思っていた矢先、思いがけなく、「あなたの住所から一番近い公立の保育所に3歳クラスで空きがありますよ」と知らせが入ってきました。

3歳以上になると、一人の保育士さんが担当できる子どもの数が増えるからでした。直前に娘が3歳になったおかげでした。なんとラッキーだったことか。

〝諦めない人〟には、協力者が現れる

預け先は見つかりましたが、またまた難題が降りかかってきました。

生活情報プラザの勤務形態は週4日嘱託でした。そのうち2日は早番（9時～17時15分）、2日は遅番（10時45分～19時）という勤務時間。私は、保育園で預かってくれる時間の関係で、17時までしか働けないのです。そのことを申し出たら、「あなただけ遅番をなくすことはできないけど、1日だけでも遅番をやってくれたら、他の人にも交渉してみる」と言ってもらえました。本当にありがたかったです。皆様の好意の上に成り立った私の再就職でしたので、私は他の人がイヤがるような仕事も率先してやるように努めました。暗く汚い倉庫で、一人黙々と資料整理。娘の送迎の算段も、当時の私にとっては大変なことでした。

週1日の遅番の日は夫が保育所にお迎えに行ってくれることになり、あとの早番の日も17時に切り上げる代わりに、お昼休みを15分短くするということで了解を得ました。

こうして、当初は、「絶対に無理」と諦めかけていた念願の仕事をゲットすることができました。**「どうしてもやりたい」という気持ちが強ければ、多少のルールや立ちはだかる壁も越えていける。協力者も生まれる。私は自身の経験を通してそう信じています。**

余談ですが、最初の面接のときに、面接官ではなく「案内担当」だった女性がいらっしゃいます。その人が今は兵庫県の女性センターである「男女共同参画センター」の所長になられていて、実は「アイ・キューブ」15周年記念フォーラムにお越しくださいました。

つい数年前に22年ぶりくらいに再会したのですが、そのときに教えてくださったことがあります。

「広野さん、私ね、面接の待合室でのあなたの態度を見て、印象に残っていたの。だから、1年後に空きが出たとき、あなたを推薦したのよ。私の目に狂いはなかったよね」と。

なんと面接時だけでなく、面接を待っているときの態度で判断されたとは！　あのとき、私はママ友に娘を預かってもらって、「面接に来られただけでも幸せ！」と思っていたので、希望に満ちた幸せな顔をしていたのかもしれません。

思い返せば、私のリクルートの入社を決めた、面接官の合格理由は「あなたは生命力がありそうだから」でした。それは、粘り強さ？　ダメでも諦めない心？　こうなると、「カメ」というより、「スッポン」でしょうか？（笑）。

夫の転勤で、またもや強制リセット

「神戸生活科学センター」で、嘱託社員として仕事も軌道に乗っていたとき、またしても、突然の〝強制リセット〟。夫の転勤はまったく予想していなかったわけではありませんが、わかっていても、「ああ、やっぱり女は損だ」と痛感する出来事でした。妊娠、出産、子育てを何とか乗り越えて、必死で資格取得をして手にした仕事も、夫の転勤辞令で簡単に吹き飛んでしまうのです。妻が仕事をしていても、夫が転勤になれば、妻のほうが会社を辞めてまた見知らぬ土地で白紙からスタートしなくてはいけない男性中心社会は、昔からそんなに変わっていません。

そもそも、出産を機に退職し、正社員の身分を捨てたときから、嘱託やパートの身分である妻のほうが弱い立場になっています。「食べさせてもらっている」という立場ですから、夫の転勤地についていくしかありません。これが、ひょっとしたら「既婚60点女子」の典型かもしれません。さて、そこから、どうするか……。私、32歳のときでした。

夫の転勤先は静岡でした。私にとっては初めての地で、仕事探しの前に、親子そろって、友達作りから始めなくてはいけませんでした。

仕事のほうは、三菱電機の静岡製作所で働けることになり、今の仕事とつながる家電製品の「マーケティング」を担当することになりました。でも、「エクセルも使いこなせないのか！」と叱られる日々。大企業のビジネス現場から遠ざかっていたので、取り戻さなくてはいけない勘や知識がいっぱいありました。

ところが、自分でも驚くべきことに、私もオドオドしているだけの新入社員ではなくなっていました。その頃には、娘も小学生になっていて、お母さん的な「包容力」を自然と身につけていたのです。その「包容力」こそが、この本で紹介していく「60点女子」の強みである「ビジネス母性」なのですが、自分がその「ビジネス母性」を案外発揮していたのだと気づくのは、もっともっと私が年を重ねてからのこと……。

さて、私はここで初めて「マーケティング」という仕事にチャレンジしたわけですが、ラッキーなことに担当することになった「冷蔵庫」は、主婦を経験した私にはとてもなじみのある商品。しかも、「天下の三菱電機の新しい冷蔵庫の開発に関われる！」ということで、ドキドキワクワクしながらとてもやりがいを感じました。

モノづくりという観点は非常に刺激的でした。社内にあった調査データを眺めていると、次々と表現したいことが出てきて、「自分なりの」主婦マップなども作ってみました。このときの上司はとても素敵な方で、そんな私の〝主婦目線の分析〟を面白がってくれ、社内資料化する術を伝授してくれました。男性が9割という会議に出て、資料の説明をしたり、営業用の資料を作成したり、新しい調査を企画したり……、次々と新しい扉が開かれていきました。そんななかで、私は設計部門に「冷凍庫をもっと大きくした冷蔵庫を作ってほしい」と提案しましたが、設計部門からは「なぜ?」という回答（あとになって思うと、この「なぜ?」の意味はよくわかります）。ここで私は「主婦の思いを、設計をはじめとする開発に関わる人たちにわかってほしい」と強く感じたのです。

そこで考えたのが「社内の結婚している女性たちを集めて座談会を開く」ということ。社内に女性もたくさんいたのですが、ほとんどが一般職と呼ばれる事務系の仕事をしていたため、企画の段階で彼女たちの意見を聞くことはほとんどありませんでした。

「せっかくターゲットである主婦層が社内にいるのにもったいない」という思いと、「彼女たちの活躍の場を作りたい」という思いがありました。本来の仕事とは違う仕事をしてもらうわけですから、それぞれの部門の上長の許可も必要でした。上司も協力してくれてなんとか実現となりました。

本当に結果が出せるのか、不安な面もあったのですが、結果は大成功。彼女たちの実生活体験を開発関係者が実感できたことが出発点となり、のちのヒット商品となる「切れちゃう冷凍」が誕生したのです。これは日経優秀製品・サービス賞最優秀賞も受賞しました。

この開発にマーケッターとして関われたことが、今の私の仕事の原点です。このときの**「開発者自らが生活の現場を感じる場を作る」**ということこそ、今、うちの会社がやっている仕事そのものです。

「ユーザーマーケティング」の時代の波に乗る！

三菱電機の静岡製作所で3年間働いて、再び、夫が転勤で関西に戻ることになりました。静岡で「切れちゃう冷凍」の実績も残した私を、何とか転勤扱いにしようと上司が尽力してくれました。関西には「消費者と直接つながる部門」は携帯電話の部門のみでした。ちょうど、1999年にiモードが登場して、携帯電話事業は伸び盛り。これからどんどん消費者に広まっていく時期でした。それに伴って、どこの会社も「キャリアマーケティング」から「ユーザーマーケティング」を重視するようになります。「これからはユーザーの声を聞くことが大切になるだろう」ということで、私は嘱託社員でありながら、関西の携帯電話部門に受け入れてもらえることになりました。

同じ会社でも、家電部門と携帯電話部門は、別会社のように違っていました。とにかく忙しく、まだ娘は小2でしたが、営業部門のある東京と設計部門のある尼崎を出張で行ったり来たりしていました。携帯電話のものすごい普及のスピードに振り落とされないように、私は必死で働いていましたが、どこかで違和感がありました。

「世の中のみんながこんなにデジタルに溺れていていいのだろうか。もっとアナログで大切なことがあるのではないだろうか……」

この思いを、あるとき、リクルート時代の上司に吐露しました。すると、上司はこう言いました。

「そうなんだ。実は、リクルート自体もこれからユーザーマーケティングが必要になってくる。これまでは『住宅情報』も『とらばーゆ』も、媒体に掲載してくれる会社が顧客だったけど、これからは本を買ってくれるユーザーのことを知らなくてはいけない時代がやってくる。広野は、そういうユーザーマーケティングの仕事をやればいいんじゃないかな」

（ユーザーマーケティングの仕事……。私に何ができるだろう）

一方で、私を携帯事業部で受け入れてくれた上司のIさんは、私を何とか正社員にしようと画策してくれていました。携帯事業は伸びていたので、理系の男性はどんどん正社員として採用されて、新人でも私より高い給料をもらっていました。私には「切れちゃう冷凍」の実績があっても、携帯事業で頑張っていても、Iさんがいくら交渉してくれても、文系の女性では正社員の道は閉ざされていました。

「広野。おまえがいくらここで頑張っても給料は頭打ちだ。だったら、外へ出て、ユーザーマーケティングの道で頑張って、外から三菱電機の応援をしてくれ。広野の周りには優秀な女性もいるだろうから、その女性たちとともに、外からサポートしてくれ」

Iさんは私のためを思って、三菱を辞めて独立することを勧めてくれました。そして、Iさんと一緒に副所長までもが私を見送るために、あるお店に連れて行ってくれて、その店の紙ナプキンにササッと何か書いて、私に手渡してくれました。

「『1千8万円の発注は約束する』？　なんですか、これ？　8万って何ですか……笑」

「いやぁ、家賃とかも必要だろうからな」

本気とも冗談ともわからないような「覚書」（？）を、私は笑いながら受け取りました。

こうして、私はお世話になった三菱電機と別れを告げ、独立することになりました。

「60点女子」の私が、女社長になった！

2001年12月12日。神戸市東灘区のマンションの一室を登記して、私は「有限会社アイ・キューブ」を設立しました。社員はもちろん私一人。資本金700万円は、私の貯金と父親からの支援、それに加えて、2人の支援者が出資をしてくれました。

これまであまり構ってやれなかった娘と一緒にいられるように、自宅をオフィスにしました。その頃、忙しくて、いつしか心もすれ違いになっていた夫は別居していて、本当に母一人子一人の生活が始まっていました。

「カメ」で「ダメダメ社員」だった「60点女子」の私は、38歳で「女社長」になってしまったのです。「起業」なんて、私とは縁のない世界のことだと思っていたのに、人生ってわからないものです。

専業主婦・子育て時代は「退屈で息が詰まりそう」でしたが、今思えば、誰に強制されるわけでもなく、自分の意思で好きな資格試験にチャレンジできたわけです。かけがえのない〝仲間〟も、この時代に得た宝物です。

「何か自分のことをしたい！」と悶々とした日々を送り、外の世界に出たいと〝もがいていた〟苦しい時期ではありましたが、**「専業主婦」を経験したから、今の会社と仕事があります。**

もっといえば、**「60点女子」だったから〝専業主婦になることができた〟**わけで、「満点女子」だったら、そのまま〝会社で働き続けなくてはいけなかった〟と思います。

バリキャリたちが、その後、働きすぎて「うつ」になったり、身体を壊したり、戦線を離脱することになった話はチラホラ耳に入ってきます。もちろん、そのままキャリアアップして管理職になったり、起業する女性もいますが……。

私の場合、〝喉元過ぎれば熱さを忘れる〟の如く、子どもを抱えながら社会に出るために必死にもがいていたことなど忘れて、「専業主婦を経験できて、やっぱり60点女子は悪くないなぁ」などと思っています。

第5章

「既婚60点女子」たち、それぞれの道

「モニター」という社会へ通じる窓から、脱出準備！

「社会と接点を持ちたい」と思っている、潜在能力を秘めた主婦たち。彼女たちの〝普通の生活者〟としての本音を引き出して企業に伝えることで、「こんなモノが欲しかった！」という商品を創り出すことができる。そう確信して、私は「アイ・キューブ」を設立しました。

三菱電機時代に、上司に相談したことがあります。

「消費生活アドバイザーの資格を持っている人に冷蔵庫のモニターをやってもらって、謝礼を5000〜6000円差し上げるのはどうですか？」

「そんな安い謝礼でやってもらえるのか？」

「もちろん！　5000円でも6000円でも、主婦は自分のお金が欲しいんですよ」

男性は「そんな安い謝礼では誰もやらないだろう」と思うようですが、私は専業主婦だったときにモニターをした経験から、どんなに少額の謝礼でもモニターをしたい主婦はいると思っていました。

少しでも社会とつながることができる〝仕事〟をして、しかも自分が自由に使えるお金がもらえるなら、どんな少額でも嬉しいのです。「モニター会議」に招集されて、都会のオフィス街に出向くために、子どもを一時保育に預ける人もいます。謝礼をもらって足が出たとしても、「仕事をした」という充実感は何にも代えられない喜びがあります。

後日、「Kモニター制度」というモニター制度を作って募集をしたら、やはり、応募者が殺到しました。「広野さんの言った通りだったね」。上司は感心していました。そして、そのモニターのなかには、〝今は子どもがいるから働きに出られなくて専業主婦をしている〟というポテンシャルの高い女性がたくさん存在していました。

そんなモニターのなかの大多数が、「社会とつながりたい」「何かしたい」ともがいている「既婚60点女子」なのです。私も、確実にこのなかの一人でした。

こんな思いがあって、「アイ・キューブ」創業前の2001年春、5人の主婦にモニターとして集まってもらいました。その5人は公募ではなく、私の知り合いのなかで、「この人なら大丈夫！」と思える生活感度の高い、自分の思いをちゃんと表現できる女性を選びました。

のちに「広野郁子と5人の主婦たち」と称されるようになる、信頼できる主婦仲間です。最初の仕事は試しにやってみた「洗濯機実情調査」でした。5人がそれぞれのお友達の家に、お茶をする気軽さでお邪魔して取材し、合計37人の調査ができました。

「不満ばかり言っても仕方がないから、不満をまとめてみよう」「洗濯機でこんなことはできないだろうか」。イラストにしてもらって、ある研究所で発表してみました。すると、「素晴らしい。こういう視点はぼくたちにはなかった」と拍手をしてもらえました。「認められた！　私たちが社会の役に立てることがある！」。私たちは大満足でした。そのときの5人は全員カメ（＝既婚60点女子）でした。カメが地べたを這うように、地道にカメの声を集めました。この労力がお金になるとも思わず、夢中になっていました。このときの調査は、高く評価され、この5人の主婦の力を借りて、私の会社も船出しました。

私の〝専業主婦からの脱出ストーリー〟は前の章でお話ししましたが、**彼女たちにも、それぞれの〝脱出ストーリー〟があります。**今回、「60点女子」の本を書くにあたり、私以外の「既婚60点女子」の専業主婦時代の〝もがき〟をリアルにお伝えしようと、この「5人の主婦」のうちの4人にお話を聴くことができました。

彼女たち全員、自分が歩んできた道を振り返ることができる年齢になっています。今、「専業主婦なんかしていて、この先、どうなってしまうのだろう」と不安になっていたり、「早く働きたい！」と焦っている「既婚60点女子」のあなたには、彼女たちの話が参考になると思います。

①草取りをしていたら、運命の電話が鳴った！

奥西有美さん（「株式会社アイ・キューブ」取締役 生活研究室 室長）

大学を出て、商社のOLになり、その後出産退職。年子を出産したこともあり、育児に追われる毎日でしたが、社会とつながる何かがしたい、という思いから、在宅でできるZ会の英語添削の仕事を始めました。その後、子どもが通っていた近所の英会話教室の先生が帰国されることになって、そのあとを引き継いでご近所の人に英語を教えていました。そんな仕事ができるだけでもありがたいことでしたが、小さな社会に閉塞感を覚え、「一人の人間としてダイレクトに社会と関わりたい！」という思いが少しずつ膨らんでいきました。それと同時に、「子どもの手が離れてからウォーミングアップを始めていては遅いのではないか」という焦りも感じていました。

そこで、今、自分に何ができるだろうと考えてみました。社会復帰するにしても、履歴書に書けるのは専業主婦になる前の職歴と、昔取ったTOEICや英検の資格だけ。まず、履歴書に書けること、語れることを作ろう！ と思い立ちました。興味を持ったのが「消費生活アドバイザー」の資格でした。OL時代勤務していた会社の福利厚生で「消費生活アドバイザー」の通信教育の案内を見た記憶がよみがえり、「科目数が多いけれど、主婦としての経験も役立ちそうだし、コツコツ勉強したら合格できるかもしれない。合格率もあまり高くないということは、資格として価値がありそうだし、何か仕事につながるかもしれない」と、受験を決意しました。そんなとき、偶然子どもの同級生のお母さんがその資格を取って仕事をしていることを知り、彼女から、広野さんたちが立ち上げた「グローバルアイズ」を紹介されました。私は広野さんに直接は教えてもらいませんでしたが（広野さんは、私が資格を取得した4月に静岡から関西に戻ってきました）、メンバーに教えていただき、合格することができました。

その後、資格取得者の集いがあって、広野さんと初めてお会いしました。大きな部屋でロの字型に座って自己紹介。私の対角線上に座っていた広野さんは、関西に戻って三菱電機の携帯電話の仕事をされていることをお話ししていました。そのとき、強烈に感じるものがあり、「あの人と話したい！」と思ったのですが、そのときは話すチャンスがありませんでした。その後、有資格者向けの仕事紹介メールのなかに、広野さんが立ち上げた三菱電機の「Kモニター」の募集がありました。「コレだ！」と思い、エントリーしたのですが、**どうしても採用してもらいたくて、迷った末に勇気を奮って「ひと言」書き添えました。**おそらく、「社会へ出たい」という思いを書いたと思います。

そんなある日、庭で草取りをしていると電話が鳴って、私はバタバタと家のなかに駆け込みました。電話に出ると、神の声にも思えた広野さんの声。「うちから通えますか？」という質問に「行けます！　すぐ行けます！」と私は興奮気味に答えていました。

Ｋモニターの活動を始めると、普段感じていることを普通に話しているだけなのに企業の方に驚かれることが多くあり、その反応にビックリ。「私たちにとっては当たり前のことなのに……。生活者の当たり前と企業の当たり前は、もしかしたら違うのでは？」と新鮮な発見がありました。「主婦の方、主婦の方っておっしゃるけれど、いろいろな主婦がいるのに……」と、企業の方々の〝主婦〟を一括りにした考え方にも違和感を覚えました。

Ｋモニターでは、携帯電話のいろいろな機種を使ってみてレポートにまとめたりしました。元来、書くことは好きだったので、自分の視点で考え、表現する仕事は新鮮で楽しく、「まだまだ自分にもできることがあるんだ」と自信につながりました。

やりがいが高まった頃、広野さんから「会社を立ち上げようと思っているのだけど、手伝ってもらえる？」とお声をかけていただきました。

最初は在宅勤務からスタートし、慣れないパソコンでの資料作成に四苦八苦しながら、たまに出社して広野さんや他のメンバーと会うと、大きな刺激をもらってまたやる気も高まる、という日々でした。子どもの成長に伴い、週数日の勤務に、そして正社員にと、少しずつ軸足をシフトしていきました。

もともと人の考えを聞くことに興味があり、マーケティング業務に触れていくなかで、モデレーター（座談会などの進行）業務への関心が高まっていきました。何の知識も経験もないにもかかわらず、「みんなのやりたい仕事を創っていきたい」という広野さんの考えとサポートのもと、モデレーター業務にチャレンジしました。数々の失敗も含めた経験を重ねることで、今では私の軸であり大きな財産ともいえる仕事になっています。

今こうして話すと、トントン拍子の物語のように聞こえるかもしれませんが、当時はもがいていました。情報や手段も限られ、自分が何をやりたいかも定まっていないなか、もがいた先に何があるかもわからないけれど、**まずは勇気を出して一歩踏み出すしかありませんでした。誰も着地点なんて見えていません。まずは第一歩です。自ら踏み出すその一歩が、その先の道につながっていくということを、実感しています。**

広野談　奥西さんがモニターの応募のときに、空欄に書いた「ひと言」に引かれました。その一言を書いていたことに、何か強い思いがあるのだろうと感じたのです。こんなち**ょっとした〝勇気〟から道が開ける**こともあります。果たして私の直観は大当たり！彼女は控えめながら、自分の意見をしっかり言う人でした。うちの会社の立ち上げのときにお誘いして（社員第3号）、以来ずっと私のかけがえのないパートナー。「私は月、広野は太陽」と言ってくれる関係です。彼女の存在なしでは、今のアイ・キューブはなかったでしょう。周りの社長たちからもうらやましがられる私の強い右腕です。今ではグループインタビューの司会においては関西一では？

②「面白い」と心から感じた仕事には、万難排して飛び込む勇気を！

今井夫佐さん（ライター）

大学卒業後、スポーツ関係の企業に約5年間、社内報の編集担当者として勤務していました。均等法以前でしたので、女性が企業で働き続けることが難しく思え、27歳でフリーランスのライターになるため退職しました。29歳で結婚、30歳と32歳で出産。結婚後、住まいは大阪市内から兵庫県の田舎町に変わりましたが、仕事は細々と継続。大手洋菓子会社のフランチャイズ店向けの広報誌、女性誌、出産後は子ども向け情報誌など、自分のライフステージに合わせて、新たな分野の仕事を増やしていました。

私は今も昔も、自分の家庭や家族を「思い通りにならないこと」「自分の時間の犠牲」というネガティブな位置づけでは考えていません。どちらかというと、「丸抱え」として当たり前に受け入れています。子育ても仕事も「自分がしたいこと」。どのように覚悟を決め、折り合いをつけていくかが、家庭を持つ女性の腕の見せどころではないかと考えています。

転機は、阪神・淡路大震災。地震当日、交通が寸断され、身動きが取れず仕事に出かけられなくなりました。悶々としながら何か自宅でもできることはないかと考えていたとき、「自分の仕事に専門性を持たせるためにも、資格を取ろう」と思いつきました。

たまたま、関東の消費生活アドバイザーのグループが主催されていた講演のサマリーを作成する仕事をしていて、その資格のことが気になっていたこともあって、消費生活アドバイザーに決め、産能大学の通信講座で勉強することにしました。勉強すべき科目は11科目。法律や経済など、なじみの少ない勉強はちんぷんかんぷん……。あまり進まず困っていたときに、新聞で消費生活アドバイザーのグループ（「グローバルアイズ」＝広野さんたちが立ち上げた）が、資格取得講座を開いていることを知り、受講しました。

広野さんとの出会いは、この資格取得講座です。私は37歳、広野さんは31歳。広野さんの担当は「消費者行政」という科目で、当時、勤務されていた兵庫県立神戸生活科学センターでのご経験もあり、この科目を教えておられたのだと思います。そのときの広野さんの印象は、「とんでもなく感じよく、利発な女性」。6歳年下ということはさておき、人間的な魅力に惹かれました。ひそかに、「絶対、親しくなろう!!」と決心。直感です。

翌年、無事、消費生活アドバイザーの資格を取り、グローバルアイズに論文講座の講師として声をかけていただきました。広野さんとも一気に親しくなり、お互いに同じぐらいの年齢の娘がいることもあって、プライベートでのお付き合いも始まりました。

その後、広野さんはご主人の転勤に伴って神戸生活科学センターを退職せざるを得なくなり、静岡へ。私は、この翌々年、神戸生活科学センターの生活情報アドバイザー採用試験に合格し、勤務を開始。小学生2人の子育てをしながら、グローバルアイズと産能大学の論文講座講師、ライターとしての仕事も一部続けながら、多忙な日々でした。

数年後、広野さんは静岡から転勤で関西へ戻ってこられました。私は、神戸生活科学センターでの勤務時間が夜間や祝祭日まで拡張され、やめざるを得ない状況になって退職。ライターと講師を続けながら、広野さんの勤務先の携帯電話モニターとして関わりを持たせていただき、再び交流が始まりました。5人の仲間と出会ったのは、広野さんが三菱電機を退職される前だったと記憶しています。

時代は活字媒体からwebに移りつつあり、活字媒体中心のライターとしての仕事に疑問を持ちつつありました。そんなとき、広野さんから、「主婦であることが強み」となる新しい仕事のビジョンを聞き、純粋に「おもろいやん！」と直感しました。広野さんはもちろん、他の4人のメンバーもユニークで知的な方ばかりで、主婦の会話の延長線上にあるようでいて、実は違う……。どこかで「私たちにしかできないことができるかも」という野心も垣間見え、**自分のなかに新たな可能性を感じることができました。**43歳のときでした。

２００1年12月、「アイ・キューブ」設立。以後、家庭とのバランスに配慮をいただきながら、会社で働く時間を少しずつ増やしました。私の仕事のメインは、生活者の本音を探ることを通して新たな価値を発見すること。マーケティングをはじめとした仕事関係の勉強、慣れないパワーポイントに格闘しつつ、手段として「話す」「書く」作業も多く、それまでの経験が生かされたと思います。その間、小学生だった子どもたちは大学生に。私の40代半ばから50代半ばまでは、子育ての一方で、どんどん仕事に注力していくことができた幸せな10年間でした。

私が「アイ・キューブ」での仕事を続けてこられたのは、広野さんの「人を見る目の確かさ」のおかげだったと思います。仕事になるかならないかわからないプレ「アイ・キューブ」の頃から、広野さんの頭には、おそらく、社員とその特性・能力がしっかりとインプットされていて、各人のパフォーマンスが最大限に発揮できるよう、環境を整えてくださっていたのでしょう。適材適所を見込んだ上でのビジネスモデルだったと思うのです。私にしてみれば、広野さんから求められていることと自分が得意なこと、あるいは、頑張れば達成できそうなことが一致していた。そして、その仕事の成果として、**新たな自分の**

発見や社会的に認められる喜びがあり、さらに情熱が傾けられたのだと考えられます。

広野さんの期待、企業様からの期待に応える……のは、楽しくもあり、シビアな世界でもありました。

「おばさんと思われたらダメ。スーツをカッコよく着ること」

「うまくいったからといって、仕事で同じことをしていてはダメ」

「マーケティングの専門書、ビジネス書、話題の本をもっと読むこと」

「クライアント様に、会ってよかったと思われる仕事人になること」

広野さんからの言葉は今も忘れません。主婦であることは強みでも、普通の主婦ではNG。報告書の書き方もプレゼンの仕方も、「アイ・キューブ」としてのグレードや特別感が求められました。これまで、ライターとしては要求されなかった能力だっただけに、時間的なものも含めてかなりの努力が必要でした。苦しいこともたくさんあり、不甲斐ない自分に情けない思いもしましたが、本当にかけがえのない日々でした。

その後、55歳のときにアイ・キューブを退職しました。退職してもうすぐ6年になりますが、ありがたいことに、「今井さんにしてほしい」と、今も一部、仕事をいただいています。その他、元々好きだったライターとしての仕事を少し。アイ・キューブで得られたコミュニケーション力などは、仕事だけではなくプライベートでも生かせることが多く、こちらもありがたいことです。子育ては終わりましたが、4年前からは、私の両親と義父の介護で多忙となり、実家や病院、施設に通うことが増えています。昨年は母を在宅で看とりました。こういった経験を、いつか書く機会を見つけて生かしたいと思っています。

もし、広野さんのような人に出会え、「面白い」と心から感じる仕事に出会えたなら、さまざまな阻害要因をクリアしてでも、**飛び込んでみる勇気が必要**です。収入を得るだけなら、このご時世、いくらでも仕事はあります。私たち5人はおそらく、すぐにある程度の収入を得なければならないほど経済的に苦しい家計ではなかったため、プレ「アイ・キューブ」の「仕事になるかならないか不明」という時代にも、時間と情熱を注ぐだけの金銭的・精神的な余裕があったとも考えられます。

もう一つ、忘れてはならないのが、私たちの出会いは、「消費生活アドバイザー」という**資格がきっかけ**になっているということです。主婦である自分に何か「付加価値」をつけたいと考えて、他のみなさんも勉強されたのだと思います。過去の自分のキャリアだけにしがみつかず、新たなわかりやすい「付加価値」をつけ、トライアウトしてもらいやすい努力をすることも大切だと思います。

広野談　今井さんは消費生活アドバイザーの一次試験のときからの受講生でした。私にもよく質問してきて、とても優秀でした。彼女は専業主婦からの脱出組ではなく、ライターの仕事をしていましたが、「面白そう」だとうちの会社で創業から働いてくださって、5年前に退職されました。

最初はパワーポイントさえ、初めて触るという状態でしたが、彼女の持ち前の努力であっという間にパワーポイント資料作成のプロに。内容も素晴らしかったです。とにかく「いいものを創り上げる」という気持ちが強く、決して妥協はしない姿勢は見上げたものでした。特に、お料理が得意だという特性を生かし、電子レンジの開発支援など、本当に生活に根付いた提案を数多く手がけ、高実績を残されました。また、「どんな人の気持ちもわかり、優しく指導してくれるお母さん」でした。社員たちはもちろん、私のことも（会社では敬語を使いながらも）お母さん的にいつもフォローしてくれました。まさに「ビジネス母性」ですね。

③チャンスをつかむ感性と行動力が鍵。「迷ったらGO！」

岡本弘子さん（「シニアの暮らし研究所」所長）

高校を卒業して18歳で鉄鋼メーカーに入社し、薄板の営業部門に勤務。当時の鉄鋼会社の業務は男子社員が中心で、女子社員の多くは男子社員の補助職とされ、仕事内容は受注や納期管理の事務作業が中心でした。でも、定期的に異動を命ぜられる男子社員と異なり、配属部署にとどまり続ける女子社員は、勤務年数が長くなると男子社員以上に業務内容に精通し、関係先とのパイプも構築でき、指示を受けることなく自主的に業務をこなせるようになります。私も入社5年目くらいからは、担当の男性社員と業務分担し、資料作成から外部との折衝もできるようになりました。その後、役員秘書も兼務しながら、当時導入が始まったばかりのパソコンをいち早く業務に取り入れるなど、ルーティンな仕事が多いなかでも前向きな姿勢で取り組んでいました。

入社11年目29歳で結婚。当時女子社員は「寿退社」といって結婚退職が主流でしたが、夫より高収入だったこともあり、結婚後も勤務を継続。30歳を超え出産への準備と、一度はなってみたかった専業主婦を目指して31歳で退職しました。

退職後、憧れの専業主婦生活が始まりましたが、毎日持て余す時間が多くなりました。社会人として一人前に生きてきた自分が、夫の収入だけに頼って毎日家にいるなんて……なんだか怠けて暮らしているような気になりました。

そこで、仕事をしていた頃は手を抜きっぱなしだった家事を、専業主婦として完璧にこなせるプロ主婦になろうと決心！　まず家のなかを徹底的に磨き、こまめな洗濯やプロ仕上げのようなアイロンがけ、お袋の味からお店のようなメニューまで工夫を凝らした料理作りなど、家にいても達成感や充実感が味わえるよう自分の家事スキルを磨こうとしました。ただ自分なりに満足感は得られたものの夫からは大した評価も得られず、ちょくちょくご飯を食べに来る友達から褒められる程度で、徐々に熱意が冷めていきました。

そんな生活が3カ月ほど続いて予期せずめでたく懐妊し、翌年長女を出産。初めての育児に奮闘しながら、さらにその2年後に長男が生まれました。退職してから長男が小学校に上がるまでの約9年は、どっぷり専業主婦生活を送り、出産後は毎日子育てに振り回される日々でした。長男が幼稚園に通い始めた7年目くらいから、時間にも気持ちにも余裕が出てきたせいか、会社勤めをしていた日々が懐かしく恋しく思い出され、スーツを着てオフィスに通う夢を頻繁に見るようになりました。この頃から少しずつ社会復帰を目指して、「事務職経験しかない自分に、これから新たに何ができるだろう」と考え始めました。

まず何か資格を取ろうと思い、〝できるだけ今までの生活経験を生かせる資格〟と選んだのが「消費生活アドバイザー」でした。資格試験を受験するに当たって、対策講座（グローバルアイズ）を受講したのが広野さんとの最初の出会いでした。広野さんは講師で、私は一受講生にすぎませんでしたが、その後、消費生活専門相談員の研修でご一緒したり、就職の相談に乗っていただいたことなどからご縁がつながりました。

専業主婦になって10年目、消費生活アドバイザーとして職に就いたのは、非常勤ではありますが住宅メーカーのお客様相談室でした。消費者志向を重視した企業で、全国から消費生活アドバイザー有資格者を採用し、チームを作って商品チェックや顧客への販促ツール、再受注に向けた対応マニュアル作りなどに取り組みました。慣れないレポート作成や現場巡回、上京しての定例会議など、久々に感じる社会の風が新鮮でした。その後、消費者雑誌のライターも引き受け、さまざまな企業を訪問する機会に恵まれ、さらに外の世界に触れることができました。この頃は在宅ワークが中心で仕事量も多くなく、主婦業の傍ら本活的な社会復帰に向けてのちょうどいいリハビリ期間だったように思います。

住宅メーカーの仕事に就いて3～4年を経た頃、突然広野さんから呼び出しがかかりマーケティングの仕事のお誘いを受けました。初めて耳にする用語や今まで経験したことのない刺激的な世界に引き込まれ、自分のなかに新しい思考回路が生まれていくことが快感でした。ただ、今までのような在宅ワークが中心ののんびりした仕事内容ではなく、若い世代のスピード感覚で鋭い洞察力や発想力、心を動かす表現力が求められ、他の優秀なメンバーに遅れを取らないようにとにかく無我夢中だったことが心に残っています。でも、そうやって鍛えていただいたおかげで今日の私がある、といっても過言ではありません。「アイ・キューブ」での経験によって情報収集力が養われ、さらにそれを考察から提案へとつなげる力が身についたことが、現在の業務の骨組みとなっています。

「アイ・キューブ」が会社組織となり実績を上げていかれるなか、2004年に私は以前から大きな関心を持っていた「高齢者」の業界に飛び込む決意を固めました。急速な高齢化が進むなか、これからの消費の中心はシニア層にあると考えたのです。2000年に介護保険法が施行され、民間経営の有料老人ホームなどが急激に増え始め、また高齢者住宅の種類も増えて多様化・複雑化したことから、「入居相談業」という新しい業態が生まれました。高齢者の将来設計や生活提案も含めた住み替えを提案し、ゴールまでをサポートする仕事です。まず関西で先発の事業所に勤務し、お客様相談室長を務めながら、またイチから勉強する毎日でした。住宅についてはある程度知識はありましたが、高齢者の介護や医療などは素人同然でしたから、お客様に的確なアドバイスができるスキルと情報を身につけるために夢のなかでも頭から離れないほど集中して学びました。

何とか入居相談の仕事がこなせるようになり後輩の相談員も育ち、業務の実績も安定してきた2009年に独立を決心。この仕事をライフワークと位置づけ、個人事務所を立ち上げて現在に至ります。この頃からは、聴き取った情報から住み替えに関わる共通の課題を見つけ出し、それをもとに情報提供の機会として講演活動にも力を入れ始めました。多いときには年間200回以上全国あちこちでセミナー講演を行い、新聞・雑誌・ネットのコラムへの執筆も続けています。さらに事業者にも情報をフィードバックし、より良い高齢者住宅づくりと入居促進、スタッフ育成等に向けたコンサルティングも行っています。また最近では独居高齢者が増え、住み替え希望の件数が急増していることから、社会的に入居相談業への期待が高まっています。それを受けて優秀な相談員の育成と健全な業界づくりを目指して社団法人を設立し、研修事業・資格認定事業にも注力しています。

私は現在一人で個人事務所を運営しています。法人にもせず人も雇わないのは、できるだけ自由に柔軟に動ける小さな事業体であるためです。でも仕事は一人ではできませんから、取引先も含めたくさんのネットワークに支えられています。興味深い仕事・やりたい仕事だけを選んで取り組んでいけるこの形は、還暦を過ぎた私には理想的な働き方だと自負しています。

これからも**いただいた「縁」を大切にして**、高齢者の幸せのために体力・気力が続く限りこの仕事を続けてまいります。

「迷ったら、GO!」が私の信念です。もちろんしっかり考えてからの「GO!」であるべきですが、チャンスをつかむ感性と行動力がこれからの人生を切り開く鍵だと思います。またチャンスは待っているだけでは訪れませんから、チャンスを探す・作る努力が必要です。迷ったときは、いろんなところに出かけて行って、たくさんの人に会うことから始めるとよいのでは。ネットでの情報収集も効率的で良いのですが、やはり実際に会って話してみると、キラッと光るヒントやパワーのあるきっかけがもらえるように思います。

広野談　岡本さんと初めて出会った場面は今でもはっきりと覚えています。「なんてパワフルで明るい人なのだろう」と思いました。ネガティブな要素などまったくなく、すべてポジティブという印象だったので、あらためて彼女の手記を読んで、「こんなにフツフツしていたのか」と正直ビックリです。でも、今思うのは、その「フツフツ」が彼女のあの大きなパワーの源だったということ。実際、アイ・キューブで働いてくれていた頃の彼女の粘りや生み出す力はすごかった！　きっと何度も徹夜をしたのではないでしょうか？　「普通の主婦」があれよあれよ、という間にプロに変身。何かきっかけがあれば、一瞬でその人の「才能」が開花する、そんなお手本でした。

創業時の苦楽を共にしたあと、アイ・キューブが企業になろうとしていた頃に、彼女は別の道に巣立っていかれました。その後の快進撃。刺激をもらいましたし、今では、素晴らしいビジネスパートナーです。弊社のクライアント様が「高齢者」へのマーケティングで困っておられるときに、岡本さんを先生としてご紹介しています。皆様の満足度も非常に高いです。これからも切磋琢磨し合える関係でいたいなぁと思っています。

④たとえ失敗しても、それは「経験」になり「宝」になる

竹内里恵子さん（社会保険労務士）

退職前の仕事は、某トイレタリーメーカーの商品開発業務でした。29歳の妊娠中、切迫流産の危険もあって退職を選びました。里帰り出産のあとは、出産前まで仕事をしていたこともあり、ご近所さんとの交流もなく、慣れない土地での子育てとなりました。子どもはとてもかわいい反面、仕事に戻りたい気持ち、社会と離れた閉塞感を抱きながら過ごしていました。

ちょっと恥ずかしいエピソードですが、子どもに離乳食を与えながら、「私、これでいいのかな」などと思いながら、泣いてしまったことがあります。まだ、10カ月ぐらいだった長女の困ったような顔が忘れられません。そのとき、ハッとしました。こんな赤ちゃんでも、お母さんが悲しい顔をしているのがわかるのかと。「泣いていてはいけない。やっぱりお母さんは笑顔でないと！」。そのとき、何か気持ちが変わった気がします。「仕事を辞めたことを後悔しても、もう戻ることもできないのだから、前に進めるようにしよう」と。

とにかく何かできることはないかと模索した結果、今までの知識を生かせ、今後、生活

者として役に立つ知識が身につくかもと思い、「消費生活アドバイザー」の資格の受験勉強を始めました。授乳中での受験でしたが、1回の受験で合格しました。合格と同時に2人目を妊娠、出産となり、2人の子育てに追われる日々でした。

私の実家近くに引っ越し、短時間なら預けることもできる環境にはなったものの、夫は毎日深夜まで仕事。日曜日は自分の体を休ませることしかできず、平日は一人での子育て、日曜日は夫を家で休ませるため、私は2人の子どもを連れて外出するというパターンでした。また、子ども2人はたびたび入院することもあり、働きたくても、仕事ができない状況でした。とりあえず、私が家事と子育てに集中し、夫は仕事に専念してもらうしかないと考えていました。そんななかでも、その時期に子どもと一緒に毎日公園に行ったり、クリスマスやハロウィンなどいろんな行事を親子で楽しむことができたのは、今では本当にいい思い出です。

下の子が1歳のときに、消費生活アドバイザーの登録名簿を見て、三菱電機でマーケティングをされていた広野さんがお声をかけてくださいました。「商品に関しての意見を言う会議に出席してみませんか?」というお誘いだったと思います。3時間程度なら子どもを預けることができたので、参加してみました。主婦としての意見、消費生活アドバイザーとしての意見に耳を傾けてもらえる喜びを感じました。その後も、何度か会議に出席しました。自分自身の考えや、周りから聞き出した意見から、仮説を立てて、それを商品に生かせてもらえることが嬉しかったです。

「本当は仕事がしたいけど、小さい子どもを2人抱えていて、仕事もない状態では保育園にも預けることができないし……」と広野さんにお話しすると、広野さんも出産後同じような思いを抱いて、どうにか働けないか行動したという話を聞かせていただき、勇気をもらいました。そして、できる範囲でいいので、起業メンバーとして携わってみないかと声をかけていただきました。そのときに本当に嬉しかったこと、一生忘れません。

その当時、子どもを連れて会議に参加し、隣の部屋でベビーシッターに預かってもらうことがありました。うちの子は私から離れると泣く子だったので、休み時間にも私は顔を見せないように我慢していました。泣き声が響いていましたが、それを見て、広野さんが目頭を熱くされていたのが印象的でした。

動き始めた時期の年末、広野さんから「少しだけど……」と「寸志」という形でボーナスをいただきました。そのとき、「これは自分のために使ってほしい。今はどうしても、自分より子どものものを買ってしまうでしょ。だから、これは何か自分のことに使う足しにしてね」と言われました。金額云々よりもその言葉と心遣いが忘れられません。

下の子どもが幼稚園までは、週2回程度（～2時くらいまで）の勤務で、残りの仕事は持ち帰っていました。他にも、消費生活アドバイザーとして某市の消費生活関係の講師をしたり、広野さんがやっていた大学の非常勤講師を引き継ぎました。「大学の講師は、経験しておけば、きっと将来役に立つのではないかな」とおっしゃってくださったことが、後押しとなりました。今、セミナー講師や、研修講師をしているのは、その経験があったからこそです。まさしく未来を見据えたアドバイスだったと思っています。

下の子どもが小学校に入ってから、日本司法支援センター法テラスで情報提供業務を週2回程度行うことになり、本格的に外のお仕事を始めました。その後、正社員として、国保組合関係の事務のお仕事を7年間行いました。安定した仕事でしたが、「もう少し何か自分の本当にやりたい仕事があるのではないか」と思い始め、下の子が中学に入学したことをきっかけに、他の仕事を模索し始めました。

「社会保険労務士」という職業を知ったのは、子どもの通院などで高額医療のことなどを調べることがあり、申請を何度も行いながら、「世の中には知らない制度がいろいろあるものだ」と思ったのがきっかけでした。入門講座に通い始めるうちに、「会社の職場環境を良くするために、この職業で何か、私も社会で役に立つ仕事ができるのかもしれない」と思いました。すでに、**45歳を超えていましたが、まだ、20年以上もあるじゃないと考えてチャレンジ。**仕事と家事、子育てと受験勉強は、結構きつかったですが2回目の受験で無事合格しました。

合格しても不安はいっぱいありました。出産退職後15年以上経っていて、やれる範囲の仕事はしてきたといっても、起業してやっていけるのか……。でも、講師の先生方からの「あなたがやってきた子育ては〝人育て〟。社労士として人財に携わることに、**きっと今までの経験が生きてくる**はずだよ」という言葉には救われました。

そして、「社会保険労務士」として、もう一度自分らしい仕事をやってみようと思い、２０１５年に一人事務所ですが、「ゆいえ（結恵）労務サポートオフィス」を開業しました。経営理念は、「働くって、なんて楽しいの！　という気持ちを次世代につなげて、未来に向けて、幸せの連鎖を」です。この経営理念は、アイ・キューブの経験が大きく影響しています。

子育てや介護等さまざまな理由で、フルタイムでは働けない方でもどうにか働ける職場環境を作りたいという思いがあります。チャンスが与えられると、人はやる気になり、幸福にもなることを、私は経験しましたから。

自分の娘もそろそろ就職を考える年頃になりました。次世代のこれから働く女性が、仕事も、結婚も、出産も安心して迎えられる、自然に受け入れてもらえる世の中にしたい！

職場と子育てを分離しないという環境（子どもと一緒に出勤）や、職場に行かなくてもできる仕事（テレワークなど）を創出できたらいいと思っています。このような職場環境の考えは、自分がアイ・キューブでそういった選択をさせてもらえた経験から感じたことです。

前向きに生きていくと、チャンスはやってきます。でも、やっぱり、**一歩一歩努力は必要です。**立ち止まって、しっかり考えることも大切。だけど、自分が弱っているときには、無理に大事な決断をしないこと。迷ったら、**とにかくやってみて、失敗したら、それも経験と思えばいいのです。「経験は宝」。無駄なことは何一つ、ありません。**

広野談　彼女自身の手記にもあるように、今でも私のなかに鮮明に記憶されているのが、お子さんが泣いている声を聞きながらも、立派に会議の進行を務められた瞬間です。あのときの、竹内さんの凛とした姿に、思わず涙があふれてきました。「ボクが泣いているよ、休み時間だから見に行ってあげて」と言ったら、「いいえ。ちゃんと保育士さんもいますし、今、私が行っても事態が変わるわけではありませんから」と普段はとてもおとなしい彼女がきっぱりと言い放ったのです。そのときに、彼女の並々ならぬ「決意」を感じました。

きっと彼女も私と同じように、仕事を辞め、子育てに専念しながら「妻でも母でもない自分」を強く求めていたのだ、と思いました。

第5章

今、彼女も独立され素晴らしいお仕事をされています。手記を拝読し、私の言葉やアドバイスをこうして覚えていてくださっていたことに感激しています。

そして、彼女の事務所の経営理念に、アイ・キューブでのご経験が影響していると知ってこの上ない幸せを感じます。

先日、竹内さんが弊社に来てくれ、今のアイ・キューブ社員たちに激励の言葉をくださいました。世代を超えて「子育てしながら働きたい」というママ社員たちがつながっていくのも本当に嬉しかったです。

歩み続けていれば、転機となる出会いがある

「アイ・キューブ」の創立時に私と苦労を共にしてくれた4人の女性に登場していただきましたが、お話を聞いていると、「60点女子」どころか、「120点女子」といっていいほどの現在の活躍ぶりです。

私の場合もそうですが、今自分が立っている場所から歩んできた道を振り返って、結果だけを語ってみると、すべてトントン拍子で、気恥ずかしいほどの「サクセス・ストーリー」になってしまいます。

でも、忘れてはいけないのは、**私も含めて全員が「悶々と」「もがいた」時期があったことです。**「何かしたいのに、子どもを抱えて身動きができない」「このままでは息が詰まりそう」「社会へ出たい！」「会社をいったん辞めてしまうと、再就職のための武器は何もない」。

思うように自分を生かすことができなかったという点で、確かに「60点女子」でした。

そんなときに、子どもを抱えて家庭にいるまま「何かやりたいエネルギー」を注ぎ込めるのが、モニターという仕事だったり、資格試験の受験勉強でした。そんななかで、この本のなかではたまたま「消費生活アドバイザー」という資格がクローズアップされていますが、他にも主婦がチャレンジできる資格は多種多様にあります。

みなさん、**「そのときできることをしてみる」「はじめの一歩を踏み出してみる」**という共通点があります。**その時点では、誰も将来の自分なんて見えていません。**だけど、**一歩踏み出すことで、必ず、転機となる「人」や「コト」に出会い、その出会いによって、どんどん自分が成長して、もう一段高いところへステップアップしています。**

「60点女子」が、だんだん「70点女子」に、「80点女子」にランクアップしていくともいえます。ただ、仕事が充実してくると、もはや自分が個性もない、取り柄もない「60点女子」だということなど頭から吹き飛んでいます。

第5章

毎日が楽しくて仕方ない、これからやりたいことが次々湧いてくる。そんな「満点人生」に近づいているのです。

今のあなたが20代でも、30代でも、「60点女子」であることを悲観することも、焦ることもないのです。**一歩ずつ、足を前に踏み出している限り、どこかでチャンスは訪れます。**

女性のライフステージに、次々つきまとう〝鎖〟

「既婚60点女子」を縛る鎖として、この章では〝出産・子育て〟をクローズアップしましたが、これだけではありません。

未婚の「60点女子」は、まず〝結婚〟で縛られます。自分が結婚を急がなくても、親からは「まだ結婚しないの？」と顔を見るたびに言われます。周りの女子たちが次々、結婚していくと内心、穏やかではいられません。「自分は自分！」と思っていても、〝結婚〟という二文字が頭のどこかにこびりついています。縛られているといえば、縛られています。

でも、安心してください。「60点女子」は「（ビジネス）母性」を持っていますから、あなたのような人と結婚したいと思う人はきっと現れます。

結婚・妊娠までは順調でしょう。前の章で触れましたけど、〝妊娠〟に関しては、「60点女子」は無計画なことが多く、よく聞くのは「予想外」「予定外」。そして、「60点女子」は案外常識的で、「子どもが小さいうちは自分で育てる」と思っています。思ってはいるのだけど、いざ退職して、子どもとともに家庭に籠ってしまうと〝縛られている〟と感じます。それは、この章に登場した方々も私もそうでした。

子どもが小さいうちだけでなく、大きくなっても、受験期などでは母は縛られます。〝夫〟に縛られるケースがあるというのは、言うまでもありません。古いタイプの夫だったら、家事も育児も、まったく頼りにならず、「女がやるもの」と決めていますから、たまにオムツを替えても、お皿を洗っても「手伝ってやった」という意識です。モラハラ夫、パワハラ夫だった場合、その〝縛り〟は手枷足枷に等しいです。

「60点女子」の場合、結婚退職するケースが多いので、「誰に食べさせてもらっているんだ」と言われてしまう力関係になります。そうなると、私のように、夫が転勤になれば、自分の仕事を辞めて、見知らぬ土地についていくしかありません。

40代、50代ともなれば、身体の不調も出てきます。「60点女子」でなくても、「満点女子」でも平等に更年期障害に悩まされます。もっとも、この年代に仕事が充実していてあまりにも忙しいと、更年期を意識しないで通り過ぎてしまう人もいます。

そして、最後は〝介護〟が待っています。まだまだ先のことだと思うかもしれませんが、

〝縛られる〟心の準備は必要かもしれませんね。

つらい経験も「財産」になると思って生きていく

実は、私はまだ55歳だというのに、近年、何度も〝荒波〟を乗り越えてきました。

41歳のときに、母の認知症が発覚。幸い、父がまだ元気でしたから、ゆるやかに病状が進んでいく母の世話はしてくれていました。母の認知症がわかった頃、夫とはうまくいかなくなり離婚しました。ですから、シングルマザーも経験しました。会社を設立して間もない超多忙な頃、母が行方不明になった、という連絡を何度も受け、夜中じゅう探し回ったことも一度や二度ではありませんでした。

51歳のときには、母が逝去。その翌年には、私の乳がんが発覚しました。52歳でした。社長として忙しい身でしたが、手術を受けました。その手術跡は今でも引きつり、私に「健康に気をつけなさい」と警告をしてくれています。その頃、長い間、母の世話をしていた父が骨折して入院してしまい、その介護もしていました。

翌年、私は放射線治療もしていましたが、父が「家に帰りたい」と言うので退院させたら、直後に急病で亡くなりました。

もう何が何だか、嵐のように立て続けにやってくる〝荒波〟。短期間に離婚、両親との死別、自分の乳がんを経験しました。

この試練と「60点女子」は関係ないのですが、これらの**不幸を経験したことで、私はまた〝共感〟できることが増えてしまいました。**

前向きに考えれば、**つらい経験であっても、「経験は財産」**。もし、あなたの身につらいことがあっても、結果的にはどんなこともあなたの「経験＝財産」になって、**いつかあなたの人生を助ける日が来る**はずです。

第6章

「60点女子」が40代以降に開花するのには訳がある

「こんな充実した40代が待っているとは思ってもみなかった」

「開花するのが40代以降なの？　そんな先まで待てない……」ですか？

ところが、人生はあなたが思っている以上に長く、**40代で開花してちょうどいいぐらい**なのです。20代で早々に開花してしまうと、萎れてからが長すぎて、それはそれでつらいものです。

芸能界などを見てみると、そんな人、思い浮かびませんか？　芸能界でなくても、あなたの周りの若い頃に華々しかった「満点女子」たちは、その後、生き生きと働いていますか？

長い人生、下り坂より上り坂が長いほうが楽しくないですか？　20代より30代、30代より40代、40代より50代のほうが「自分らしく生きている！」と思えれば、そんな幸せなことはありません。

そうはいっても、**〝開花時期〟を自分で調整することはできません**。「私は40代から花開くようにしたい」と思っても、急に40代から開花することは難しいことです。**開花の前に、根気よく土壌を肥やし、種まきをしておく必要があります。**

その点、「60点女子」は、それまでにしてきたことすべてが「財産」になり、「武器」になって、自然にアラフォーあたりから本領を発揮していきます。**地道な生活をしていた時代に、十分に土壌を肥やしている**、そのことを本人も自覚していないのが特徴でもあります。

私も若い頃に「40代で自分の花を咲かせたい」と目指したわけではありません。でも、「アイ・キューブ」を設立して、私が胸を張って「社長です」と言えるようになったのは結果的には40歳になってからです。

前章で出てきた主婦たちも、40代以降に次々と〝開花〟しています。うちの会社の奥西さんが、「こんな刺激的な40代が待っていたなんて……」と、毎日の通勤をしながらしみじみ思っていたと言っていたことがありましたが、他の人も同じだと思います。みなさん、20代のときに、こんな充実した人生が待っているとは思っていなかったはずです。

20代、30代に思うように生きられなかった「60点女子」が、なぜ40代以降に次々と開花していくのか。〝自分らしい毎日〟を手にしているのか。

それには〝訳〟があります。

①〝負のエネルギー〟を溜め込んで、〝爆発〟する

〝負のエネルギー〟というのは、つまりはマイナス感情です。「60点女子」の場合、発散系の攻撃的な感情ではなく、溜め込んでしまう鬱屈した感情です。

「60点女子」は、私の生い立ちからもおわかりいただけるように、小さい頃から〝コンプレックスの塊〟です。「どん臭い」「かわいくない」「個性がない」……。どれも他人に威張って話せるようなことではなく、このマイナス感情を自分の胸のなかで鬱々と溜め込むことになります。もちろん、それは〝負のエネルギー〟になって蓄積されていきます。

この悶々とした状態から抜け出すために、「無理をしなくても大丈夫。あなたはあなたのままでいい」と、私は序章でお話ししました。転機となる〝Xデー〟が、ある日突然訪れる、と。

私もそうでした。転機のあと、仕事がどんどんうまくいったのは、**それまで溜め込んでいた〝負のエネルギー〟が一気に〝爆発〟**したのかもしれません。〝負のエネルギー〟でも、エネルギーはエネルギー。ゼロよりはマシです。コンプレックスが大きかっただけに、燃やすエネルギーもたくさんあって、営業成績で表彰されるまで頑張れたのかもしれません。

その理屈で考えると、結婚後に退職して専業主婦になった「既婚60点女子」の〝負のエネルギー〟たるや、恐ろしいほどのエネルギー量になります。

私の場合、退職直前までに、面白くなってきた仕事のおかげで、〝負のエネルギー〟を完全燃焼していました。出産前に退職して、専業主婦になって、また〝負のエネルギー〟をゼロから溜め込むシーズンに突入しました。

「既婚60点女子」、特に小さい子どもを抱えた専業主婦は、背後に〝悶々オーラ〟が立ち込めているのが見えるようです。

一番大きい〝悶々〟は、社会と断絶されて取り残されているような孤独感、外に出られない閉塞感です。まだ会社に残ってバリバリ働いている友達を見ると、うらやましくて、余計に落ち込みます。「私の結婚、早すぎた？　間違っていた？」。息が詰まりそうな毎日に、外の世界に通じる脱出口を探し求めてしまいます。

出産すると、よく「体が2つになる」と言いますが、幼い子どもがいる限り、その子を置いてはどこへも行けず、ますます身動きが取れなくなります。その頃には退職してからしばらくたっているので、「もう一度仕事をしたい」という欲も出てきます。でも、子育てが始まると思うように活動はできず、「忙しいのに退屈」という状態にイライラ、悶々としてきます。家のなかで子どもの相手だけをしていると、「大人の世界」が一層恋しくなります。

自分にとっての社会は、子どもを中心としたママ友社会。自分が選んで入っているわけではない地域や公園のコミュニティ。子育て情報の交換が役立つときもありますが、ひとの噂話などで長話になると、「こんなところにいたくない。仕事の話がしたい」とイライラが募ることも多々あります。

夫がストレスになるときもあります。家事や育児を手伝ってくれないことについては、怒りやイライラを通り越して、諦めに変わるほどです。でも、たまに忙しくて髪を振り乱しているときに、「ねぇ〜、僕のごはんは〜？」と言われるとキレそうになります。〝負のエネルギー〟が爆発しそうになる瞬間をこのときばかりは自覚できます。

夫に関連した姑も。時代は変わって、最近の姑は見た目も考え方も若くなりました。それでも、気を遣わなければならないということでは変わりはありません。スマホで何でも調べるので、時代遅れのことを押し付けてくるわけではないけど、逆に最新の情報を仕入れてきて「うるさい」というケースも聞いたことがあります。また、最近の50代、60代、70代は自分が遊ぶことにも貪欲なので、子守の当てになりません。「あれこれ言うなら、孫守をして、一日ぐらい私を自由にしてください」と言いたいのを抑え、これまた〝負のエネルギー〟になります。

自分の自由に使えるお金がないのも悲しい。独身時代には好きな服も買えたし、エクステやネイルだって行けたのに……。外に出ないからその部分は我慢するとしても、雑誌の一冊も「もったいないかな」と立ち読みして棚に戻す日常。資格試験の勉強をしようと思っても、高い参考書は買えなかったり……。夫に金銭面で全面的に依存することになると、夫婦の力関係も変わってきます。「誰のおかげで食べていけるんだ？」とモラハラに近い扱いを受けると、「好きで仕事を辞めたわけじゃないのよ！」とまたまた悶々……。

こんなふうに、「既婚60点女子」の悶々とした〝負のエネルギー〟は溜まっていくばかり。働きながら子育てをしている女性は、それはそれで毎日が忙しくてストレスが溜まりますが、そのストレス解消は「休みたい」の方向へ。一方、働いていない専業主婦の溜まったストレスは、「外に出て働きたい！」という方向にベクトルが向いています。だから、**いったん、働けることになったときの仕事に向けられるパワーがスゴイ！**　それはもう火山の噴火の如く、溜め込んだ〝負のエネルギー〟が〝爆発〟するのです。

言い換えれば、**一気に〝開花〟です。〝負のエネルギー〟のおかげです。**

第6章

②チャンスをつかむ手は離さない

無人島に取り残されたと想像してください。助けてもらうために、近くにヘリコプターや船が来たら、必死に叫んで、旗を振りますよね。スルリと救出のロープが下りてきたら、その手は絶対に離しませんよね。「既婚60点女子」は目の前のチャンスに対して、そのぐらいの必死感があります。

例えば、どこかの企業のモニター募集でも。どんな小さな仕事でも〝外の世界の光が差し込んでくる窓〟なのです。何とか採用してもらいたいとなれば、短い自己PRや課題文にも必死に取り組みます。

なかなか巡ってこないチャンス。いったん家庭に入ってしまった「既婚60点女子」にとって、このワンチャンスにかける思いの強さは、並々ならぬものがあります。

もっとも、中年になると、バーゲン会場で見かけるように、「一度、手にしたお目当ての服は決して手離さないわ!」という〝オバサン根性〟も立派になりますが……。いずれにせよ、**チャンスにかける根性が違います!**

③「ふりだし」に戻ったから、何を選択しても自由

会社を退職してしまうと、手に職がない場合、どんなに会社でバリバリと働いていた経歴があっても、〝ただの主婦〟になってしまいます。積み上げた実績も関係なくなり、また「ふりだし」に戻ったような気がしてしまいます。

でも、**「ふりだし」に戻れる幸せもあります。**男性は養う家族ができてしまうと、なかなかすべてを捨てて、「ふりだし」に戻ることができません。ところが、幸か不幸か、「既婚60点女子」はリセットする機会を得ます。

家庭に入ってしまって、「今さら何ができるのだろう」と思うより、「今から何でもできる」と考えてみたらどうでしょう？

資格を取る道もあるのですが、士業のような硬い仕事もあれば、子育て・教育関係、ファッション美容関係、医療・介護関係、音楽や芸術関係……ジャンルは多様です。「何を選んでもいい」ってすごいことだと思いませんか？　無限の可能性を手に入れたわけです。

私の場合は、たまたま「消費生活アドバイザー」でしたが、きっと、あなたにも、なんとなく気になっている分野や資格があると思います。今すぐ、行動を起こせない状況であるなら、GOサインが出たときに、すぐに動けるように、情報収集しておきましょう。特

第6章

に当てがないのなら、新聞に目を通すのもいいですよ。きっと、目に飛び込んでくるキーワードに出会えると思います。

大学卒業時の新卒の「就活」では、みんなと同じような黒いスーツをまとって、ニコニコ笑顔で面接をしなくてはいけなかったのですが、その方式が自分の本来の個性に合わなかった人もいるはずです。また、当時はまだ〝親の傘下〟にいたので、世間的にも〝ちゃんとした会社〟に入社しなくてはいけなかったわけです。枠にとらわれた就活でした。

でも、**大人になってからの「第二の就活」に枠はありません**。自分の好きな分野で、好きなように働けばいいのです。もっといえば、働くことだけがすべてではなく、「既婚60点女子」が充実感を持てるなら、収入がない趣味の世界でも社会活動でもいいわけです。もう、「ＯＬ」という不得意なフィールドで、「自分はダメだ」と卑屈になって働く必要もないのです。あなたが、得意な分野、好きなことに向かえばいいのです。

だから「開花」できるのです。あなたが選んだ、あなたが得意なことで勝負をするのですから。

④お金にとらわれる必要がない

夫の収入に頼っているということは、「お金の心配はしなくていい」ということです。つまり、「家族4人で暮らしていくためには、最低限このぐらいの給料が出ないといけない」などと考える必要がないのです。

そもそも、専業主婦の場合、「収入が欲しい」のではなく、「社会に出たい」という気持ちのほうが強いので、損得勘定なしの動きができます。家族を養っている男性や生活のために働きたい主婦は「図書券」や「薄謝」では動きません。

でも、前の章で登場した女性たちは、薄謝のモニターにでも応募したことから、すべてが始まっています。モニターという仕事を通じて、私と出会いました。「この人は熱意があるな。優秀だな」と思って、私は会社を立ち上げたときにお誘いをしました。同様のことが、他の会社でもあり得るはずです。

損得勘定なしの「初めの一歩」を踏み出した人が、まずは社会とつながり、新しい道を拓いています。

それができるのが「既婚60点女子」のメリットです。「お金に困っていない」というメリットを利用すればいいのです。最初から高い給与で働こうと思ったら、子どもの保育のことも家事のこともすべて万全にしないとスタートできません。……そんな日が来るのは何年後でしょう?

⑤イザというときに助け合える人脈を持っている

主婦のネットワークが信頼できて、強い絆でつながっていることは、私が一番実感しています。会社を立ち上げる前、マーケティングの仕事でモニターが必要なとき、私は自分の専業主婦時代のママ友の協力を得て、何とか乗り越えてきました。もちろん、将来こういう仕事をするために、ママ友付き合いをしたわけではありません。

「広野郁子と5人の主婦たち」でモニター調査をしたとき、5人の主婦たちが、それぞれの友達にモニターを依頼して37人分の信頼できるデータが集まりました。モニターの仕事をしていると、**主婦のネットワークや人脈の広さに驚きます。**

子持ち専業主婦時代に、お互いの子どもの面倒を見合ったり、〝持ちつ持たれつ〟で助け合った仲間は、何年たっても強い絆でつながっています。子どもたちが成人してからも、ママ同士の交流が何十年も続くことがあります。絆が強いのは、子育て中、社会と隔離された世界で悶々としていた思いを共有し、お互いに共感しているからです。苦楽を共にした〝戦友〟に近い存在です。そして、「あのとき、お世話になった」という感謝の気持ちは、お互いに忘れられません。ですから、誰かが困っていたり、頼み事をしてきたら、もちろん損得勘定なしで協力します。

そんな、**〝心でつながっている人脈〟を持っているのは、「既婚60点女子」の強み**です。同じ主婦でも、「既婚満点女子」だとまた違う状況かもしれません。そもそも「助けを必要としていない人」には、〝持ちつ持たれつ〟の関係が成立しません。60点のママたちだからこそ、足りない部分をお互いに補いながら、助け合って、子育て期を乗り越えてきました。「困ったら、いつでも呼んでね。飛んで行くから！」という〝イザとなったら助け合える人脈〟は、子育て期に近隣地域や幼稚園などのコミュニティにどっぷり浸からないと得ることができない〝財産〟です。

そして、その〝財産〟に助けられるのは、20代や30代のときではなく、お互いが再び社会に出てからのこともあります。

「仕事ができなかった仲間たちがようやく社会に出て仕事を始めた。何かあったら、協力してあげよう」

お互いがそう思っています。こんな素晴らしい人脈は、一度も専業主婦をしなかった人にはなかなか手に入れることができません。「既婚60点女子」が40代以降に開花できる

〝武器〟は、専業主婦時代の人脈だったのです。

⑥60点女子の「共感力」が評価される

「60点女子」は小さい頃から、コンプレックスをいっぱい抱えています。「個性がない」「かわいくない」「要領が悪い」「目立たない」……。社会人になってからも、会社のなかで「ダメダメ社員」であることの辛酸を嘗めてきました。結婚退職してから、子持ち専業主婦になってからも、思うようにならないことは続きます。家のなかで子どもとだけ過ごす閉塞感や取り残されているような焦り……。仕事に出てからも、子どもを預けながら仕事をするのは大変なことです。女性のライフスタイルのなかに登場してくるいくつかの〝鎖〟にも縛られます。家事は当然のこと、人によって経験する人もしない人もいますが、子育て中のトラブルや受験、嫁姑関係、夫という存在（離婚もあり）、女性特有の更年期障害や病気、親の介護など……。

「満点女子」ではないから、経験してしまった苦労も少なくないかもしれません。もちろんつらい思いはしないに越したことはないのですが、苦労をした分、人生で損をするかというと、それはどうでしょうか……。

人間の弱い部分をいっぱい知っているからこそ、人に優しくできます。困っている人の苦しみが理解できる、共感できるというのは誰にでもできることではありません。人生こそこまでトントン拍子で生きてきた「満点女子」は、悩んでいる人、苦しんでいる人を前にして的確なアドバイスはできるかもしれないけど、共感する力はありません。共感して一緒に泣くことは、できないかもしれません。経験したことがないことに対しては、どんなに優秀な女子でも想像力を駆使するしかありません。

「60点女子」の「共感力」は大きな強みです。その共感力が人を集めます。あなたと話すとホッとするという人はいっぱいいると思います。もちろん、その「共感力」、さらには「包容力」が仕事に生かされる場面もあると思います。

「あの人、おとなしくて目立たない人だったのに、職場で管理職になったそうよ」ということもあるかもしれません。今の時代は、強力な統率力を振りかざす管理職より、部下の話をじっくり聞ける共感力のある管理職が求められているのです。そういう意味でも、「共感力」を持つ「60点女子」が、40代以降に開花するのは納得できます。

⑦小さな成功体験を大切にしている

どんな人にも、転機になるような日が突然訪れることは、前に話しました。

〝犬も歩けば棒に当たる〟ように、〝「60点女子」も歩けばチャンスに当たる〟です。

まずは一歩、踏み出してみる！ そんな「勇気を奮って一歩踏み出してみたら、こんな世界が待っていた！」というような成功体験を、「60点女子」はとても大切にしています。

そして、自分のなかの小さなステップアップを実感しています。

ところが、最初から何でもできた「満点女子」にはなかなか実感できないかもしれません。

それどころか、優秀な女子は〝小さな一歩〟ではなく、自分の能力を過信したり、目標設定が高すぎて、いきなり〝大きすぎる一歩〟を踏み出して失敗することがあります。その失敗に懲りて、少しずつのステップアップに興味がなくなったとしたら、早い時期に小さな花を咲かせて終わってしまうかもしれません。まさに、昔話の「ウサギとカメ」のように、カメがウサギを逆転する日もあり得ます。

小さなラッキーも心から喜んで感謝できるのも、「60点女子」だからこそ。喜んで、また次のステップアップを積み重ね、40歳になる頃には、かなりの高みに上っていることでしょう。

ゆっくりでいいのです。人生はあなたが思っているより、ずっとずっと長いから、**短距離ランナーより長距離ランナーでいきましょう！**

私は「アイ・キューブ」で、もう17年間、社員以外にも、200名を超えるモニターの方々とお仕事をしていますが、もちろんお辞めになる方もいます。私たちは、それを〝卒業〟と称し、社会に羽ばたかれることを喜んでいます。モニターとして活動したことで、「こんなことで喜んでもらえるんだ」「自分でも役立てるんだ」と自信をつけて、次のステップに踏み出していかれます。「子どもが大きくなったから、外に働きに出られるようになりました」という嬉しい報告をくださる方もいます。

主婦のみなさんが、「もう一歩、踏み出そう」とさらにステップアップしていく姿を見送るのは、とても嬉しいことです。うちの会社がそのステップアップのお手伝いをする役割を果たしているとすれば、私も本望です。

専業主婦が、もがきながら次のステップを考えているのは、いつの時代も変わりません。でも、40代、50代になって、自分が歩んできた道を振り返ってみると、ちゃんと人に語れるような〝サクセス・ストーリー〟が編まれています。

40歳まで待てない「鬱々としているあなた」へ

「60点女子は40代以降に開花する」のは確信していますが、今まさに、家庭から出ることができなくて鬱々としている「既婚60点女子」＝「専業主婦」のあなたに、少しラクになれるメッセージを最後にお届けします。

【家で鬱々としている専業主婦へ10のメッセージ】

①特別な才能がなくても、できる一歩を踏み出そう

「会社を辞めてしまったら、自分には履歴書に書けるような資格も特技も何もなかった」と、あらためて〝再自信喪失〟に陥る人がいます。「再就職のためには、まず、資格を取らなくては！」と一大決心をする人もいます。でも、そんなに難しいことを考えないで、何でもいいから、「できることから、まず一歩」踏み出してください。踏み出してみると、想定外のチャンスに巡り合うこともあります。そこで、あなたに求められるのは、資格取得ではなく、別のことかもしれません。**頭のなかでアレコレ考えているより、まず**

行動。〝「60点女子」も歩けばチャンスに当たる〟です。

②ネガティブカードをひっくり返してみよう

短所の裏側は、必ず長所です。あなたが短所だと悩んでいるのは、どういうことですか？　自分の短所を書き出して「ネガティブカード」を作ってみて、裏側を「ポジティブカード」にして、長所を書いてみてはどうでしょう。

自分に自信がない→控えめで謙虚、うまく話せない→聞き上手、優柔不断→慎重、おとなしい→控えめで謙虚、新しいことを提案できない→与えられた仕事はキッチリやれる、自分の意見を引っ込めてしまう→協調性がある、トロい→丁寧……。ほら、これだけ長所があれば、どんな仕事でも大丈夫です。

実は、「60点女子」というだけでも、長所なのですよ。この本のテーマでもある〝ビジネス母性〟を持っている「60点女子」は最強なのですから！

③計画も目標も考えなくていい

女性のライフプランや「幸せをつかむ方法」の類の本を読んでみると、「まず自分の目標を決めて、書き出してみなさい。その目標を達成するために、今何をするべきか逆算するのです！」などと書いてあることがあります。「10年後の私」を書けと言われても、思いつかなくて困ってしまいます。今の私なら、会社をどうしていくべきかは社長として考えていく必要はありますが、20代の頃の私の目標といったら、「子どもが生まれても、子どもがいるように見えないような女性になりたい」ぐらいでした。そんなささやかな目標（？）でも、社長になれます。自分の笑顔には自信があるなら、「笑顔だけは絶やさないようにしよう」でもOKです。案外、そのほうがチャンスに恵まれ、成功するかもしれません。

考えつきもしない目標を無理やり掲げて、その目標に到達できないことで苦しむよりも、**「ありのままの自分」で自然に生きていく**ほうがラクです。自分を変える必要はないですが、**「勇気を出して一歩踏み出す」**は忘れないでください。それだけで十分！

④人の真似はしない

あなたの近くに、「あの人のようになりたい！」という憧れの人がいるとしても、その人の真似をしてみても、結局はうまくいかなくて、さらに落ち込むことになります。当然です。他人のやり方を真似ても、その人のようになれるわけがありません。

それより、**「自分スタイル」を作ってください**。外の世界に出られないのなら、家のなかでじっくり自分観察をしてください。「自分が大切にしているもの」「無意識のうちに目に留めていること」「なんだか自分の力が発揮できているように感じること」「自分は意識していなかったけど、人から褒められること」……。「自分スタイル」であなたのファンを作ってください。人真似でなくなれば、生き生きしてきます。**人は生き生きした人につ いてきます。**そうなると、結果もついてきます。

⑤「アンハッピー」なことからは、ポジティブに逃げていい

自分がどんなときに「ハッピー」と感じて、どんなときに「アンハッピー」と感じるか自覚していますか？　案外、そんなことを明確には自覚していないものですよね。でも、絶対に傾向はあるはずです。

「美味しいものを食べたとき」「甘いものを食べたとき」「感動する映画を観たとき」「彼と（夫と）ラブラブなとき」「子どもの寝顔を見るとき」……。「ハッピーリスト」は簡単にできそうです。気分が落ち込んでいるときは、「ハッピーリスト」に書いてあることを思い出して、その状況を作れば、気分を上げることができますね。

逆に、「アンハッピーリスト」は思い浮かびますか？　実はこちらのリストのほうが大事だったりします。自分はどんなときにドーンと暗くなってしまうか、どんなときに「あ

あ、自分はダメな人間だ」と落ち込んでしまうか。例えば、「細かい計算とかをしていると滅入ってくるし、失敗も多い」「営業トークが苦手」「会ってしまうと長話を聞かされる○○さんが苦手」「人の悪口が飛び交う井戸端会議はイヤ」など。

「アンハッピーリスト」で、自分が「アンハッピー」と感じることがわかったら、それに立ち向かおうとはせずに、「アンハッピー」から逃げることを考えてください。「細かい作業」「営業」では自分の長所を出すことができないと思ったら、そんな職場は辞めてもいいのです。世間は辞めることに関してはネガティブですが、そこで「自分は役に立たない人間」と思い込んでしまうより、ずっとポジティブです。話しかけられると長くなってしまう○○さんを見かけてしまったら、隠れてもいいのです。悪口が始まりそうな井戸端会議なら「ちょっと用事があるので」と抜けていいのです。アンハッピーからは、戦わないで離れる要領も身につけてください。**逃げていいんです。「ポジティブに逃げる」ことで、あなたの「ハッピー」は増えます。**若いときは、このハッピーとアンハッピーのリストを作る時期です。

⑥「興味ありリスト」を作ってみる

「いつか社会に出たい!」と思っている専業主婦であるなら、1日5分、新聞を読んでみましょう。心にひっかかったことを、あえて「切り抜いてノートに貼る」というアナログな方法でスクラップしてみるのがオススメです。しばらくしてスクラップ帳を見てみると、**自分が興味あることが見えてきます**。切り取った記事のジャンルに偏りは必ずあります。それを見て「興味ありリスト」を作っておくと、再就職を考えたときに、**「自分のやりたいこと」がハッキリします**。これは、今、職に就いている人でも、試しにやってみると、自分の志向が見えてくるので参考になると思います。

私の場合、「ドゥ・ハウス」という主婦のネットワークを立ち上げた会社のスクラップが多かったのですが、今になってみると、自分のやりたいことの原型があって、興味があったのだと納得しています。起業してから「ドゥ・ハウス」の社長にお会いする機会もあって、先方もうちの会社に興味を持ってくださり、ご縁を感じました。

他には「主婦の活用の記事」のスクラップが多かったです。そう考えてみると、住宅関係の営業をしながら、女性の就職情報誌『とらばーゆ』で初受注してしまったのも、自分は一貫して女性活用に興味があったからなのかもしれません。

ジッと考えているだけでは「自分の興味があること」はわからないものです。新聞のスクラップ以外にも、ＹＡＨＯＯ！の検索履歴からも自分の興味が見えてきます。例えば、「化粧品」や「美容」のことが多い人は、そういう分野の仕事をすれば、自分が輝けるかもしれません。テレビの予約録画を再生して観るかどうかでも、わかります。たくさん録画しても興味のある番組しか観ないものです。

自分の興味や志向がわかってくると、漠然とした「鬱々」から抜け出るきっかけになるかもしれません。

⑦隙間時間を見つけて、勉強する

家事に子育てに大忙しの毎日。子どもを寝かしつけてから「本を読もう」「録画したドラマを見よう」と思っていても、いつの間にか子どもと一緒に寝落ちしてしまうこともありますよね。しかも、子どもが大きくなるとお昼寝時間も短くなって、ますます自分の時間がなくなります。でも、**何かやろうと決意すると、「隙間時間」を見つけられるようになる**ものです。

何でもいいのです。すぐに使わなくても「英会話」だって。外に出なくても、明らかに子どもと顔を突き合わせている世界からはワープできます。目標を決めやすいのはやはり資格試験などです。試験日が決まっているので、期限付きで集中できます。しかも合格すれば、将来資格を生かした就職も可能です。

隙間時間といっても、バカになりません。1日10分の隙間時間は、365日で60時間になります。資格試験のなかには、必要勉強時間が100時間程度のものもあります。自分が作れる隙間勉強時間と難易度、資格取得後のニーズなどを考慮してターゲットを絞ってもいいですね。もちろん、一番大切なのは、自分の興味です。目標を持つと、時間の使い方がうまくなり、今までと同じ24時間の価値が変わってくると思います。時間をこんなふうに使えるのは、専業主婦時代の特権です。

⑧お金に関するポリシーを家庭内で共有しておく

専業主婦は夫の収入があるので、損得勘定を抜きにした仕事や活動ができるのはメリットだとお伝えしました。でも、そう思っているのは本人だけで、夫が同じ考えでなければ、せっかく採用された仕事にも「待った！」がかかります。「どうして子どもを預けて、しかも預かってもらう一時保育料でアシまで出るのに、そんなことやってるの？」と聞かれたら、あなたはどう答えますか？「外に出たいの」「やりがいが欲しいの」で通用しますか？　あなたが仕事に出ることについて、収支トントンでもお金に換えられない意味があることを、日頃から伝えておくことは大切です。

ついでながら、独身の「60点女子」にお伝えしたいのは、こんな金銭感覚も含めて、**価値観はとても重要だ**ということです。価値観が合う夫であれば、例えばこんな場面でも、言い争ったり、説得する必要もないのかもしれません。相手の価値観がはっきりするまでは、結婚を急がないほうがいいですよ。……老婆心ながら、そう思います。

⑨「ありがとう」は未来の自分への種まき

「アイ・キューブ」を立ち上げて17年になりますが、節目節目で多くの人に助けていただきました。そのときによく言われたのが、「昔、広野さんにすごく丁寧にお礼を言われて、嬉しかったことをよく覚えてます」ということ。自分のほうは、言ったことをすっかり忘れている**「ありがとう」という言葉。相手の人はずっと覚えていて、また私を助けてくれます。**

感謝の言葉は、未来の種まきかもしれません。「目の前にいる人は、いつか未来の自分を助けてくれる人かもしれない」。そんなことを狙うわけではありませんが、「ありがとう」はちゃんと伝えましょう。

「ありがとう」と言われるようなことをしようと思っても、そうそう四六時中意識はできませんが、してもらったことに対して、心を込めて「ありがとう」というのはできますよね。幸いなことに、「60点女子」は「ありがとう」を言うのは得意です。男性のようにプライドが高くなく謙虚ですから、頭を下げることに抵抗もありませんよね。

何度も言いますが、人生は長いので、20年、30年後に「ありがとう」から芽が出てくることがあります。私も、何度も自分の言った「ありがとう」に助けられました。

⑩今の暮らし、すべてが財産になっている

専業主婦をしていると家事や子育てはつまらないと思えるかもしれません。その気持ちは私も経験者なのでよくわかります。でも、そんな専業主婦の生活があったからこそ、私は今の仕事にたどり着いています。家事や子育ても毎日ルーティンでやってきたからこそ、生活者の実感が持て、「便利か便利ではないか」を語ることができています。主婦のモニターの方にいろいろな意見を聞いても、私が主婦としての経験がなかったら、その意見も「ああ、そうですか」と実感なく受け止めるかもしれません。モニターの方々も、「広野さんはずっと社長で家事をしたことがないから、ピンと来ないでしょうね」と思われるかもしれません。悶々としたことがなかったら、この本だって書けません。

あなたが日々の暮らしのなかで感じたことも、すべてあなたの財産になっています。将来、どんな仕事をする上でも、日常生活のなかであなたが育んだ感性は必要になってきます。買い物をするときでも、「自分はどうしてこの商品を手に取ったのだろう」と考えてみてください。それは、すでにマーケティングなのです。その意見をモニターという形で

提出すれば、あなたの意見はお金に換わる。つまり、あなたが日々の暮らしで感じていることを企業は欲しているわけです。

あなたの今の暮らし、経験していることのすべてが、あなたの〝財産〟になっているのです。

第7章

「60点女子」でも、年商1億円企業の社長になれた

働きたい女性を応援する会社にしたい！

2001年、38歳のときに、私は自宅を登記して「有限会社アイ・キューブ」を設立しました。

「ダメダメ社員」として途方に暮れていた23歳の「60点女子」は、15年後に「女性社長」になりました。おそらく、この世で誰一人として想像できなかったことでしょう。

「a・i-cube（アイ・キューブ）」という社名は、デジタルの間にあるanalog（アナログ）的な価値を、integrate（統合）して、cube（3乗）の価値を生み出す……という意味から考えました。携帯電話の仕事で忙しく走り回っていた頃に感じていた「アナログの価値を生かしたい」という思いを込めました。

会社を設立したことで、「女性起業家」と呼ばれるようになってしまいましたが、これまで私がたどってきた道からもわかっていただけたと思いますが、私は**「起業したい！自分の会社を作りたい！」という野望を持っていたわけではありません**。大企業の担当者のマーケティングの相談に乗っているうちに、結果として起業することになりました。

もちろん、生活者の本音を企業に届けて商品開発の支援をするのは私がやってきた仕事ですが、自分の会社を起業したのは、もう一つの別な思いもありました。それは、結婚して家庭に入り、仕事をしたくても外に出られない「社会と接点を持ちたい」と考えている、ポテンシャルを秘めた女性たちを活用することでした。

私は「60点女子」の典型でしたから、いったんは「専業主婦」になりました。そして、「働きたい。でも、子どもがいるし外へは出られない」という〝足に鎖をつながれたような日々〟を経験しました。そのなかで「せめて、何かをして社会とつながっていたい」という渇望がありました。あるとき、出口がないのではと感じるほど暗い〝専業主婦というトンネル〟の先に、「神戸生活科学センター」の〝光〟が見え、私は差し伸べられた「救いの手」を必死につかんでトンネルを抜け出しました。そのときのありがたさ、解放感は今も忘れることはできません。

ですから、今度は「アイ・キューブ」がそんな専業主婦たちの〝光〟になりたいと思いました。

それは「女性の雇用を促進させよう」というような大それた発想ではありません。私も「60点女子」だったから共感できる「もう一度、社会と接点を持ちたい」という願い。この願いを叶えてあげたいという強い思いです。

周囲が助けたくなる「60点女子」の船出

たった一人でスタートした「アイ・キューブ」でしたが、最初から自分で新規の仕事を受注できるわけもなく、周りの人にずいぶん助けてもらいました。

三菱電機のIさんには〝助走期間〟をいただき、週2～3日の勤務を許していただきました。元リクルートの上司からも、リクルートへの週2日の仕事をいただき、まったく違う気風の会社に〝二足のわらじ〟の状態で勤務しました。例えば、声の大きさからして違う会社だったので、私も二重人格者のように2つの会社を行き来していました。そんな日々が約半年続き、徐々に「アイ・キューブ」としての活動も始めていきました。「広野郁子と5人の主婦たち」が手がけた、ユーザーの声を深く掘り下げたリアリティのある調査は、企業からも高い評価を受けました。

最初の仕事は、三菱電機の元上司がいた子会社からの受注でしたし、リクルートからも住宅関係の仕事を紹介してもらえました。今思えば、自分が勤務していた2つの会社、リクルートと三菱電機の元上司のおかげで、〝やり手の女社長タイプ〟とはかけ離れた〝元60点女子社長〟が立ち上げた会社も順調にスタートしました。おそらく、**私の頼りなさが、**

周りの人たちに「何とかしてやらないと！」と思わせてしまったのでしょう。

これは、「60点女子」の〝**自分では弱みだと思っているけど、実は強みの部分**〟です。もっとも、当時の私はその自分の〝強み〟を客観視できる余裕などなく、仕事を紹介しようとしてくださる方々に、ただただ感謝していました。

その後も「住宅を考える女性の会」で講演をする機会もいただき、「切れちゃう冷凍開発物語」をお話ししました。そこに参加された当時入社2年目のある大手企業の女性は、上司に私のことを報告してくださり、それがのちのちこの会社からのお仕事につながりました。3年目のリクルートの女性からも、彼女のお客様を紹介してもらいました。ちょうど、「女性の声を聞かなくてはいけない。女性の心理を捉えないと商品は売れない」という気運が高まっていた時代の波に、女性モニターを抱えている「アイ・キューブ」はニーズがあったのです。

こんなふうに、知り合った方々が次々に口コミで紹介してくれるのも、うちの会社の特徴です。会社が長く続くためには、やはりデジタルよりも**アナログ的な「人の紹介」が大切**だと、昔も今も私は信じています。

「うちの会社の仕事をわかってもらえた！」初めての達成感！

リクルートの『住宅情報』の営業マンが紹介してくれたある不動産会社の仕事は、会社がスタートした頃のエピソードとして忘れられません。営業マンが「アンケートも取っているけど、あまり役に立たない」と困っている担当者に、「『アイ・キューブ』という女性の声を聞いてくれる会社がありますよ」とつないでくれたのですが、そのとき、担当者は、「そんなもん、アンケートで女性の声なんて散々聞いてきたよ。もう意見は出尽くした。これ以上、何が出るっていうんだ。無駄、無駄」と突き放してきました。同行した女性スタッフが、その横柄な言葉に思わずキレそうになったとき、リクルートの営業マンが仲裁にうまく入ってくれました。

「まぁまぁ、試しに1回、小さい仕事を頼んでみたらどうですか？」

何とかその場は収まり、私たちは小さい仕事でしたが受注することができました。

「やったね！」。私たちにとっては、小さくても宝物のような受注。チャンスはチャンス。お金よりも「社会とつながる」ということが嬉しくて、やりがいを感じていました。

そのとき、どんな仕事だったのか記憶をたどってみると……。例えば、住宅に関するアンケートに「収納に困っているものはなんですか？」という質問がありました。ざっと見てみると、「コレ！」と当てはまる選択肢がなかったので、私たちは選択肢から見直そうと思いました。そこで、主婦たちに「じゃあ、本当に困っているものって何？」とヒアリングしてみると、「スーパーの袋」「根菜類」などが出てきました。そこで、「こんなものも選択肢に加えてください」と提案して、再度、アンケートを実施してもらいました。すると、なんと、なんとスーパーの袋は第2位！

「ううむ……スーパーの袋か……。男のおれたちには思いつかなかった」

ようやく納得してもらえ、うちの会社の価値をわかってもらえました。後日、その担当者から、お褒めのメールが来ました。最初の出会いの頃の態度を思うと、夢のようで感激しました。早速、喜びを分かち合おうと、仲間に転送しました。

「あのウンペイさん（当時、その担当者をそう呼んでました）が、褒めてくれたよ。しかも絵文字入りでｗｗｗ」

ところが……あろうことか、私は仲間たちへ転送するはずが、この文章をそのウンペイさんに返信していたのです。（どうしよう……。穴があったら入りたい）。でも、ウンペイさんは、「そうだよ。あなたたちの仕事はすごいと思った。これからもよろしく！」と。

頑なだったお客様と私たちの間の、硬い何かが溶けていくような瞬間でした。それ以後、根菜類の置き場、上から吊るすカゴ、玄関の収納、小さい子どもが手の届かないように高さを変えられるシェルフなど、アイデアをビジュアル化して提案していきました。

これらのなかには、実際に商品化されたものもいくつかあり、喜びを感じたものです。

他にも、約15年間お付き合いいただいている会社に阪急阪神不動産があります。最初は、「ジオフィット」というシリーズの商品力をアップするお手伝いということで、もともと持っていた自社のモニターをうまく活用したいご要望でした。そこで、モニター会の運営のサポートをしました。「うまく軌道に乗るまで、グループインタビューのやり方をご指導しながら、伴走しますよ」というスタートでしたが、結局、報告書も客観的にまとめてくれるほうがいいということになりました。

実は一時期「他の調査会社はどうなのか見てみたい」ということで、他社にご発注もされたようでした。残念に思っていたら、なんと「やっぱり、うちの会社の（上品な）ブランドイメージを共有できる会社とお付き合いしていきたい。アイ・キューブの良さがわかった」と感動的なお言葉をいただきました。それからは、今日までずっと、阪急阪神不動産のモニターさんたちとの間に入りながら、お客様の声をまとめています。

お取引先との仕事が、なぜ一回だけでなく、長年続くかというと、「時代が変われば、お客様のニーズも絶えず変わるから」です。マーケティングの仕事に、終わりはないのです。

ちなみに、「アンケートは質問の選択肢を作るまでに10年！」とある人に教わったことがあります。そして、「どんなに精巧な分析をしたとしても、なかに入れるものがクズ（実態が反映されていない回答）なら結果もクズ」と。つまり、選べる選択肢がないために、適当に答えたり、答えられなかったりしたアンケート結果は使えないこともあるのです。

また、アンケートの設計も、使うシーンを想定して、逆算して作らなくてはいけません。1番と3番の結果を組み合わせて、なにか一つの結論を導くということもあるのです。

清水の舞台から飛び降りる覚悟で、社員第1号を採用

会社の設立当初は、各社からいただいた消費者調査の仕事を在宅勤務の主婦の方々に業務委託して、最終的な報告書は私がまとめていました。もちろん、各社に訪問して営業、打ち合わせもあったので、だんだん経理や伝票整理が自分でできなくなってきました。

そこで、翌年には、前の勤務先で一緒だった内山木綿さんに「社員第1号」として入社してもらいました。そのときは、清水の舞台から飛び降りるような心境でした。「この子

の人生に責任を持たなくては」と覚悟しました。知り合いの社長さんたちに、「もしアイ・キューブがダメになったら、この人を雇ってくださいね」と頼んだものです。彼女は16年間勤めてくれて、先日辞めたばかりです。同時期にプロダクトデザイナーの小田哲也さんも入社して、マーケティングだけでなく、デザインの企画・提案もできるようになりました。

「アイ・キューブ」になってからの初めての仕事は、製薬会社の目薬のマーケティングでした。シニア向けの目薬のパッケージデザインを提案するために、モニター10人がドラッグストアの店頭に行き、購買調査をしたり、パッケージのデザインサンプルを並べて激論をかわしたり……。どんな仕事も全力投球でした。

「会社もやっと軌道に乗った」という実感があったのは、2004年5月に神戸新聞に取り上げてもらった頃です。『主婦の本音で商品開発』と大きなタイトルが載り、「地元神戸で生まれた、女性が立ち上げ、女性の声を社会に発信していく新しい会社」として紹介されました。この記事がきっかけになって、新たな仕事も生まれました。

2006年に株式会社化し、芦屋市打出小槌町にオフィスを構えました。翌年の会社の売り上げは1億8500万円を記録しました。

東京事務所を開設した時期もありました。当初、本社はビルの2階フロアだけでしたが、

2017年から3階フロアも増やし、「UOVO（ウォーヴォ）」という多目的スペースをオープンしました。「UOVO（ウォーヴォ）」はイタリア語で「卵」という意味。イノベーションが必要とされている時代にクリエイティブな発想が生まれる場として誕生しました。アイデアを出すためのミーティングやセミナー、インタビューなどに使っていくつもりです。現在は社員8名を含め、従業員12名。今の時代には珍しい「社員旅行」やお楽しみイベントも開催し、少数精鋭、アットホームな雰囲気のなか、強いチームワークで次々に新しい仕事に取り組んでいます。

一言で業務内容が説明できないのは、何でもするから

会社が軌道に乗ってきても、うちの会社は業務内容の説明に苦労したものです。今でもそうです。「うちはこういう会社です」と一言で説明できなくて困るときがあります。一般的なマーケティング調査会社にはパターン化されたメニューや料金表がありますが、うちはそれも決めていません。

それは、マーケティングの枠を超えて、「企業の抱えている課題を解決する」ために、パートナーとしてオーダーメイドのサービスを提供するからです。マーケティングリサー

チにとどまらず、その結果に基づくコンサルティングから商品企画開発の支援まで。商品の「コンセプト構築」「デザイン提案」「販売戦略立案」も手がけます。「商品企画支援サービス」として企業向けのセミナーや研修も行っています。要するに、クライアントから必要とされていることすべてを提供しようと、うちの会社もボーダーレスに取り組んでいます。

考えてみると、60点女子の「ビジネス母性」の一つに「損得勘定なしで、手を差し伸べる」という特性がありました。うちの会社の業務に料金表もなく、「必要とされれば、何でもお手伝いする」というスタンスなのは、多分に、私の「ビジネス母性」が影響しているかもしれません。「困っている人を放っておけない」は、「ビジネス母性」どころか、私が子どものときからの性格でした。人間、いくつになっても本質は変わらないものですね。

最近は、日経新聞や読売新聞などでも、「主婦の本音をカタチに」「消費者との共創」「デザイン思考」などのキーワードで、アイ・キューブの活動が取り上げられるようになりました。正直言って、2001年の創業以来ずっとやってきたことではあるのですが、今、時代がこれらを求めているのかもしれません。

こうして、**女性たちの力にスポットがあたり、その活躍の場が広がってきていることは、**

とても嬉しいです。今後私は、自分のライフワークでもある「女性の社会参加支援」「子育てと仕事の両立支援」「女性就業支援」をはじめ、企業に向けても、真の女性活用のためのコンサルティングやセミナー、研修活動に力を注いでいきたいと思っています。

私の悶々とした専業主婦時代の経験が生かされ、社員やパート、業務委託、そしてモニターとして関わってくれた数多くの女性たちの力によって、うちの会社が、主婦と社会をつなぐ役割を果たしていることは私の本望です。モニターの多くを占める、昔の私のような「既婚60点女子」のみなさんが、例えば、このモニターの仕事をきっかけに、自分の好きな世界に羽ばたいていかれることを心から願っています。

「60点女子」は、満点人生を目指せる長距離ランナー

２０１６年12月12日、創業記念日に15周年記念フォーラムを開き、１００名を超えるゲストの方々にお集まりいただきました。そのときに頂戴したお言葉でとても多かったのが、「広野さんらしいパーティーだったよ」でした。アットホームで、穏やかで、和やかだというニュアンスを含んでいるようでした。こんなお褒めの言葉も……。

「あなたの人柄がこれだけの人をファンにしてきたのね」

（私の人柄？　私の人柄って何だろう……？）

「裏表がない」「優しい」「偉そうでない」とか、「社長らしくない」とも言われます。とても嬉しく感じながら、私は心のなかで思いました。

（私のカードが全部、ポジティブカードのほうにひっくり返ったんだ……）

「広野さんは全然難しい言葉で話さないから、わかりやすいです」

「偉そうにしてないし、上から目線じゃないですよね」とも言われます。

新入社員の頃、「難しい営業トークが苦手」「自信がなくてオドオド」だった私は、社長になったとしても、本質はそんなに変わっていません。でも、若い頃に「ネガティブカード」ばかりが表になって見えていたのに、次々と「ポジティブカード」にひっくり返り、こんなふうに褒められるようになりました。

この本では、私の幼少期から今日までの50年以上を超特急ですがご紹介したので、この手のひらを返したような周囲の変化はわかっていただけたと思います。「同じ人間が、年を重ねて、１８０度違う見られ方をすることがあるんだな」と、コンプレックスの塊だった頃を感慨深く思い出します。

「自分が変わらなくてはいけない」なんて、まったく思う必要がないこともわかっていただけたと思います。

私は「60点女子」でしたが、その特性である「ビジネス母性」のおかげで、周囲の人を多少なりとも助けることができたし、それが何倍にもなって返ってきて、助けてもらうことができました。

感謝する場面も人も多かったので、「ありがとう」を言う機会は多く、その「ありがとう」がまたチャンスになって返ってきました。そんな繰り返しで、ついに「アイ・キューブ」という会社を立ち上げることができました。

私という「60点女子」が社長になったことで、「アイ・キューブ」という会社も、企業にとって「ビジネス母性」を持ったパートナーになっているかもしれません。

途中、社会から隔絶されて専業主婦をしていた時代にも、今の仕事に不可欠な生活者としての感性を磨くことができました。いざというときに頼れる強力なママ友人脈も得ることができました。専業主婦時代に溜め込んだ〝負のエネルギー〟は、確かに再就職をしてからの〝人生開花エネルギー〟になりました。

どんな経験も自分の「財産」になることを、この歳になると強く実感します。自分の歩んできた道を振り返って、〝答え合わせ〟をしてみると、すべての経験が何かにつながっていて面白いほどです。

失敗やつらい経験ですら、無駄にはなっていません。多くの苦しみを味わった私は、他人のいろいろな苦しみに対しても、十分に共感できます。

自分を「ダメダメ社員」だと思い、すべてに自信がなかったあの頃の私。彼女の目の前に、今の私が会いに行けたら、こう言ってあげたい！　そして、あなたにも聞いてもらいたいです。

「今のあなたは、自分が欠点だらけに思えるかもしれないけど、そんなあなたの〝個性のカード〟は、ネガティブカードから次々とポジティブカードに翻っていくのよ。**30年後には、欠点と思っていたことも、〝長所ですね〟と褒められるような人生が待っている！**

自分を無理に変えようとしなくても、**自分らしく歩き続けるだけでいいの。**人生はあなたが思っているよりずっとずっと長いから、短距離ランナーではなくて、長距離ランナーとして満点人生を目指しましょうよ。

大丈夫！　だって、あなたは**〝60点女子〟という最強の女子なのだから……**」

あとがきにかえて

いつの頃からか、「自分の本を出版する」ということが、私の一つの夢になっていました。とはいえ、それを叶える術をまったく知りませんでした。知り合いには、本を出版する人が増えていき、私に「本を書けば」と勧めてくださる人も出てきました。けれども、決まって私の仕事分野である「マーケティング」関連の本のことでした。

もしかしたら、その方々が勧めてくださったように、私が常日頃、講演をしている内容を原稿に起こせば、夢はもっと早く叶ったのかもしれません。会社の売上のためにもよかったのかもしれません。

だけど、私はどうしても、かつての私のように悩んでいる女性たちに「**今、自分が欠点だと思っていることも、一生懸命生きていれば長所に変わるよ。それがかけがえのないあ**

なたの価値だよ」というメッセージを送りたかったのです。

正直、出版の夢を諦めかけたこともありました。実現させるためには、自分の信念を曲げなければならないのかも、とも思いました。

それでも、一生懸命応援してくださった方々に励まされ、夢を追い続けた結果、ついに合同フォレストさんと出会うことができました。本に対する思いを聞かせていただき、まさに運命の出会いを感じました。本当に「人」や「心」を大切にされていらっしゃいます。この出会いこそ、私が伝えたかったことの一つである「一生懸命に生きていれば、それをわかってくださる人は必ず現れる」ことの証明のようでした。

その後、合同フォレストの山中洋二様や山崎絵里子様、編集を担当してくださった下村理沙様をはじめ、私を常にサポートし、編集をしてくださった方々のおかげでようやく形になりました。

こうして生まれたこの本を、あなたはどのように読んでくださったでしょうか？

ほんの少しでも勇気を与えられたのなら、ほんの少しでも自分のことを認めるきっかけになれたのなら、これほど嬉しいことはありません。

この本には、私の思いを書きましたが、さまざまな指南を与えてくださった方々、ずっと応援してくださった方々に支えられたおかげです。心より感謝申し上げます。
お名前は書ききれません。けれども、お一人おひとりのお顔を思い浮かべております。
これほどまでに多くの方々のお顔を思い浮かべられる私は幸せ者です。

20代のあの日、トイレで泣いていた私が。
ぜひ今日から、あなたも**「60点女子最強！」と唱えて、自分を認め、周りに感謝し、「柳に風」の精神でほんの一歩だけでも進んでみてください。**ほら、きっといいことが待っています！

２０１９年3月

株式会社アイ・キューブ　代表取締役　広野　郁子

【著者プロフィール】

広野　郁子（ひろの・いくこ）

株式会社アイ・キューブ 代表取締役

1963年神戸市生まれ。

1986年関西大学卒業。厳しい就職活動後、リクルート（当時）に入社。「ダメ社員」の烙印を押されるが、MVPを取るまでに成長する。

1987年結婚。3年後、長女出産。当時は育児休暇制度がなく、仕事を断念、専業主婦に。子育ての傍ら消費生活アドバイザーの資格を取得。

1993年神戸生活科学センター（現：兵庫県立神戸生活科学センター）に嘱託として採用されるも、3年後に、次は夫の静岡転勤でその前途を絶たれる。

1997年三菱電機に嘱託として入社。冷蔵庫のマーケティングを担当し、主婦目線の機能である「切れちゃう冷凍」の開発に関わる。再度、夫の転勤により、関西に戻ることを余儀なくされる。同社の携帯電話部門で勤務後、正社員での就職を断念。

2001年有限会社アイ・キューブを設立。2006年株式会社化し、現在に至る。

企画協力　株式会社天才工場　吉田 浩
編集協力　新保 勝則
　　　　　谷口 のりこ
組　　版　森 宏巳
装　　幀　華本 達哉（aozora.tv）
イラスト　Shima.

「60点女子」最強論
〜しなやかな生き方で豊かな人生を目指す〜

2019年4月20日　第1刷発行

著　者　　広野　郁子
発行者　　山中　洋二
発行所　　合同フォレスト株式会社
　郵便番号　101-0051
　東京都千代田区神田神保町1-44
　電　　話　03（3291）5200　　FAX　03（3294）3509
　振　　替　00170-4-324578
　ホームページ　http://www.godo-shuppan.co.jp/forest
発売元　　合同出版株式会社
　郵便番号　101-0051
　東京都千代田区神田神保町1-44
　電　　話　03（3294）3506　　FAX　03（3294）3509
印刷・製本　株式会社シナノ

ISBN 978-4-7726-6132-4　NDC159　188×130